赵匡胤传

张家驹宋史人物传记

张家驹◎著

《张家驹宋史人物传记》前言

今年是张家驹先生的百年诞辰，距他去世也恰四十周年。作为20世纪宋史研究的拓荒者之一，其生平为世所知者大有“零落成泥”之憾。关于他的传记，主要有李小松的《青山隐隐水迢迢——记宋史学家张家驹》（收入《广州文史资料》1988年第39期），程应镠的《一位为人师表的学者——张家驹同志逝世十周年》，李培栋的《宋史学家张家驹传》（以上二文均收入《张家驹史学文存》）。我写过两篇关于他的文章，一是《一部几乎被遗忘的拓荒之作——张家驹与他的〈宋代社会中心南迁史〉》（即《文存》前言的主体部分），一是《尚余春梦足清谈——写在〈张家驹史学文存〉之外》（收入拙著《敬畏历史》），在钩沉其学术行迹的同时，还试图对其史学成就作出评价。这里，没有必要再缕述他的生平，仅随事而发地说点感想。

张家驹的本科毕业论文题为《宋代东南之繁盛》，其日后“中国社会中心迁转说”早已珠胎暗结在其中，学术水准远在今日一般史学硕士论文之上，足以表明其宋史研究的起点之高与廊庑之大。他从燕京大学走出，曾师从洪业、邓之诚、张星烺等名家，也听过顾颉刚与谭其骧的历史地理课，与周一良是同届同学，与侯仁之、王钟翰、程应镠为前后届系友，与国文系的陈梦家是燕大文学院的同届生。近年以来，对民国学术的评价莫衷一是，有人推崇备至，有人认定高估。且不说追念民国学术，其风向所指是当下学术生态之窳败；像燕京大学在短短数年竟造就了卓尔不凡的学者群，显然是不能低估，值得探究的。

通观张家驹的学术生涯，李培栋认为有两个高峰期：“第一个高峰在燕京大学学习时期，延续到1942年；第二个高峰在上海师范学院的1956年到1962年。”第一高峰期大体跨度十年，代表作为《宋代社会中心南迁史》，这一时期约有过半岁月处于抗日战争的连天烽火中。第二高峰期只有短短六七年，代表作为《两宋经济重心的南移》。据李培栋说，“1962年后政治形势日益严峻，已很难进行研究工作了”。这一回顾，不禁令人唏嘘不已。倘若说，他的第一高峰期因外敌压境而被迫中断，那么，他的第二高峰期却纯然因内乱孔棘而彻底夭折。他是1974年辞世的，1962年四十八岁，即便寿数命定，其后12年正是学术研究的鼎盛期，理应有更多成果传之后世。但这12年中，他唯一发表的却是1965年岁末《文汇报》上那篇为配合《评新编历史剧〈海瑞罢官〉》而被“钓鱼”的文章《论海瑞的评价不宜过高》，这真是让人啼笑皆非的黑色幽默。

张家驹享年六十，无论怎么说，都走得太早。这应与他的“文革”遭遇有关。“文革”开始不久，他的独子就在广东受迫害而死，据程应镠先生回忆，在那个特殊年代里，即便好友，他也“从没有对人诉说过这摇撼了他肉体和精神支柱的悲哀”。这一期间，他本人也被打为“牛鬼蛇神”，在学校附近接受“劳动改造”。据李培栋说，“张家驹家在虹口，每天必须六时出门，才能赶上七点半的早请罪点名，晚上八点半放人，他回家约已十点钟，睡眠不会充足，他又是老胃病，中午只吃自己带来的一小热水瓶的面条，这样的生活，对于他来说，是多么残酷的折磨。……张家驹刚满六十岁而病死，实际是和遭受这段摧残大有关系的”。我有时在想，倘若没有“文革”，1968年我应届考入上海师范学院（即今上海师范大学前身）就读历史的话，也许会向他学宋史；倘若没有“文革”，他没受摧残而病死，完全可以延长十几二十年的学术生命，为宋史学界做出更多的贡献。历史虽没有“倘若”，后人却应该警醒。

在学术史上，“名师出高弟”与“高弟出名师”的现象，都不乏其例。张家驹蹙居上海师院这样的三流大学，未有弟子能传其学，便绝无可能享受“高弟出名师”的表彰，这无形中导致其学术成就被低估。我之所以在五年前发心编集《张家驹史学文存》，就试图客观还原他在中国史研究领域的地位与影响：

倘若借用西方科学哲学中库恩的“范式”理论，“中国社会中心迁转说”这一中国史研究中的“范式”是由张家驹创立的，其后的研究都是对这一范式的补充与展开。张家驹在中国社会经济史与宋史研究中的开创性地位也由此而不可撼动。

即便就其传世论著而言，他已经无愧为宋史学创立期的主要拓荒者之一，他的“中国社会中心迁转说”与冀朝鼎的“中国历史上基本经济区说”，足以并称上一世纪三四十年代中国社会经济史领域里最具问题意识的两大命题，这样的贡献不可谓不大。（《文存》前言）

我与他并无师承关系，自信这样的评价决非阿私之言，而是建基于学术史轨辙的平允之论。

完成了《两宋经济重心的南移》后，张家驹的关注重心转向人物研究。1958年，他在《历史研究》上发表了《论赵匡胤》；次年，他的《赵匡胤传》即由江苏人民出版社印行。通过比照，可以推断，《论赵匡胤》是其整个赵匡胤研究的精华版，《赵匡胤传》则是这一研究的终结版。这册传记在剖析宋太祖立国规制优劣成败的两重性上，称得上辩证透彻而见解独到。其后三年，张家驹对沈括进行了深入的研究，与胡道静的《梦溪笔谈》研究珠联璧合，相互辉映，分别从人物与著述入手，共同奠定了沈括与《梦溪笔谈》研究的坚实根基。张家驹选择开国定制的赵匡胤与科技巨人沈括作为研究对象，其眼光识见毋庸赘言。其后尽管有多种赵匡胤与沈括的传记著作问世，但他的《赵匡胤传》与《沈括》却是全面论述这两位宋史人物的首部学术性传记。

当年因经费与篇幅所限，没能把这两部宋人传记全文收入《张家驹史学文存》，这是深以为憾的。今春中国书籍出版社联系到我，希望再版他的《赵匡胤传》。我提议，能否连同《沈括》一并再版，作为对这位宋史名家百年诞辰的最好纪念，终获大力支持。至此，在短短五年里，他的遗著已全部结集或再版，这是差可告慰先贤的。

这次新版，出版社对两册传记统一编辑处理，包括改正旧版的误植错排，古今地名按当前政区重新标注，补配了图像资料与文字说明。《赵匡胤传》作于五十五年前，这次是首次改版，我在校读时改动了少数史料的句读，斟酌了个别史实的表述，也适当弱化了成书年代那些强调阶级斗争的烙印（这既不必为贤者讳，我也尽可能少改或不改，相信读者自能理解与识断）。《沈括》在上世纪 70 年代末已经再版，也就不存在这类问题。

1978 年一个秋夜，程应镠先生校毕亡友遗著《沈括》的清样，曾为一绝句，前两句云："呕心剩有遗书在，忆往难禁泪满腮。"那年，我读大一，宋史学习还刚起步。不料三十六年后竟也为其校读另一遗著《赵匡胤传》，继业师之后与张家驹先生再续宋史缘。我于他没有亲炙之幸，自然少了那种"忆往难禁"的情分，但"呕心剩有遗书在"的感慨还是有的。任何领域的学术研究就像一次永无终点的远行，先行者的足迹永远是后来者不断前行的起点，不论后来者走出多远，也始终应对先行者深怀一份敬意。学术史的长河也遵循着大浪淘沙的铁律，轻飘飘的泡沫总要消退，沉甸甸的成果终将留下，学者的价值就在于他的遗书能够长久地传世。

虞云国
2014 年岁杪

序　言

赵匡胤是我国历史上一个重要人物，史家在论及封建皇帝时，往往把唐宗、宋祖并称。事实上他代表了那个时代封建统治阶级的利益，我们对他应当作出应有的评价和介绍。

近年来我国史学工作者，对赵匡胤这个人物的评价，有着许多不同的见解。主要的分歧点有：赵匡胤在当时的活动，主要对社会发展起了推动还是阻滞作用的问题；赵匡胤的统一战略计划，应该是先向北进还是先向南进的问题；赵匡胤的集权专制政策，是积极还是消极作用占主导地位的问题；在北宋建立之初，摆在最高统治集团面前迫切需要解决的，首先是社会经济还是强化中央集权的问题。即使在肯定他的积极作用的同时，在具体细节方面，也还有着各种不同的意见。所有这些争论是完全容许的，这和党对科学工作所提出来的百家争鸣方针，精神上是悉相符合的；因为只有在学术上各抒己见，才能够促进科学研究的进一步发展。

这本小册子的初稿，是在 1957 年写成的。解放以后方从头学起的我，与其说是企图解决这些复杂的问题，毋宁说是我读了一些史学先进者文章所得到的启发，以及近年来对这个问题进行独立思考中的一点心得体会。在写作过程中，终于因为自己政治及学识水平的限制，感到有许多困难，没有能够很好解决。

首先碰到的，是自己的理论知识很肤浅，对问题的分析不够全面和深刻。主观上尽管企图运用马克思列宁主义的立场、观点、方法来评价历史人物在历史上的作用，但因旧的封建主义的和资本主义的史观，在自己的脑子里还有残余，所掌握的理论知识很浅薄，理解得也很不透彻，这就使我对于一个人物的看法，不可能完全正确，更真实地反映出他的本来面貌。像对赵匡胤这样的一个历史人物，主观上认为必须采取辩证唯物主义观点，既要肯定其具有进步意义的一面，也要批判其反动落后的一面；既要不离开当时社会阶级关系和历史条件而孤立地看问题，又要指出其因为历史条件的限制而使他造成的错误；既要正确地阐明人民群众推动历史发展的事实，又要充分估计到历史人物所起的促进或延缓的作用。但是在写作过程中，往往出现搜索枯肠，捉襟见肘的状态。这样的结果，在某些方面，就不免会有片面夸大，或者违反历史唯物主义的倾向。

其次是我们的祖先给我们遗留下来的史料，真可说是浩如烟海一般；而详细占有材料，又是评论历史人物的工作基础。以宋代为例，光是所谓“正史”就有四百九十六卷，一部“会要”的辑稿就有二百册。此外还有文集数百部，笔记小说数百种，和若干其他有关著作。不但史料丰富，材料杂乱，要通读一遍极感困难；而且无论是史官纂修的和私家记载的，同样地都杂有阶级偏见，甚至有私人恩怨的成分。有些事实出于道听途说，往往矛盾重重，说法既多，难得确证。有关赵匡胤生活部分，尤其如此。因此在写作时虽多方面搜集，仍然感到未能遍览周详。有些问题，只能大胆妄作判断。这样一来，就必然会出现材料抉择不精、有堆砌罗列的现象；另一方面又会发生判断错误、挂一漏万的毛病。这些矛盾的解决，就只有依靠读者们勇于揭发批判，使我能提高认识，得以弥补缺点和纠正错误。

文字方面，虽力求浅显易读，但既恐说得不够具体，又恐自己限于文学素养，译文会走失原意，所以在许多地方，仍然引用了原文。这样，可能会使读者看了觉得别扭，或增加一些困难。但对帮助读者研究史料这点上，也许会有好处的。

正确地认识历史人物在历史上的作用，是历史学上一个重要问题。要给历史人物以恰如其分的评价，正是一件十分困难的工作。作者无论在理论修养和写作水平方面都不足以语此。因此这本小册子的出版，不过是在大跃进形势的鼓舞下以及党的“百花齐放，百家争鸣”方针的指引下的一种大胆尝试，里面的看法很不成熟，错误势所难免，希望读者及研究史学的同志们多多指正。

本书在写作过程中，曾经参考了聂崇岐、邓广铭、程溯洛、季子涯、史苏苑诸先生的大作，也采用了他们部分的论点。出版时又蒙董石声先生协助摹绘赵匡胤像，应当在此一并致谢。

作者

1959年3月28日

于上海师范学院

目　录 | Contents

从出生到夺取帝位

匡胤的出身与成长

唐朝后期黑暗腐朽的统治，自从经过王仙芝、黄巢起义军的沉重打击，严重地削弱了它的统治力量。公元907年，在藩镇割据混战中宣告结束。农民起义军叛徒朱温，杀死唐昭宣帝李祝，建立后梁皇朝。一时在唐末动乱中乘机招募散兵溃卒，或是组织“土团”“乡兵”，借屠杀劫掠起家的亡唐将领、地方官吏以及豪强地主，纷纷起来各占一方，称王称帝。前后二十多年的武装冲突，把一个名义上统一实际已经支离破碎的祖国山河，变成十多个大小不等割据独立的封建王国。

这个动荡不定的时代，也正是叱咤风云、英雄角逐的时代。是谁拥有最坚强的实力，谁就有可能发展他的野心，达到统治人民的欲望。正如刘守光所说：“我地方二千里，带甲三十万，直作河北天子，谁能禁我?”安重荣也说：“天子，兵强马壮者当为之，宁有种耶?”① 为着满足统治人民的野心，兄弟砍杀，父子反目，权臣篡夺，军校拥立，种种丑态，在政治舞台上，一幕幕相继搬演，分裂的五十多年间，没有间断，翻开历史，尽是些战场厮杀的记录。

离开梁亡后的第四年，李克用养子李嗣源发动兵变，夺取了后唐帝位，改元天成。天成二年的二月十六日②，洛阳夹马营赵府中，诞生下一个婴儿，生得方面大耳，眉清目秀，取名匡胤。家主赵弘殷祖籍涿州（今河北涿县③），官居飞捷指挥使。夫人杜氏，先前生育过一男一女，不幸都夭折了，匡胤就是这家主人第二个儿子。赵家原是“累代仕宦”，匡胤祖父当年做过营、蓟、涿等州刺史。弘殷是个武弁出身，自小秉性骁勇，擅

① 《资治通鉴》卷二百六十八《后梁纪》，《旧五代史》卷九十八《安重荣传》。

② 公元927年3月21日。

③ 河北涿县，现为河北省涿州市。——编者注

长射击。五代初年，投赵王王镕麾下，遇着梁、晋两国交锋，他奉了王镕之命，将五百骑赴援晋军，晋王赏识他的英勇，把他留下带领禁兵。及后晋王夺取了后梁帝位，弘殷一直在那里当官，举家住在洛阳。

唐庄宗李存勖（885—926），后唐的建立者，即将赵弘殷留在禁军的那位"晋王"。他打造了五代时期中原王朝的最大版图，但治国无能，死于兵变。同光四年（926 年），其父的养子李嗣源即位，是为唐明宗。李嗣源励精图治，国家小康。他曾认为自己能力有限，又是沙陀族人，因此祈求上天早日降下一位圣人来拯救苍生。巧的是，天成二年（927 年），赵匡胤应运而生。

天成以来，李嗣源为着增加税收和稳定政权，实行"休兵息民"的政策。减轻剥削的结果，在一定程度上缓和了阶级矛盾，有利于生产的恢复和发展，出现暂时的"兵革粗息，年屡丰登"的局面。[①] 匡胤就在这个比较安定的环境中，逐渐长大起来。根据地主阶级家庭的习惯，孩子大了，就该接受传统的封建教育，学到一套统治人民的本领，大来好成就一番"功名事业"。弘殷也不例外，替他的儿子找了一位业师，此人姓辛名文悦，是一个同乡先辈，也是一个饱学的宿儒，匡胤随他讲习五经，原是最合适不过的。只是孩子们受到时代的熏陶，耳濡目染，又都是干戈扰攘的现实。尤其是出身在官僚家庭的赵匡胤，父亲是现任的禁卫军官，事实给他的教育是，在这样一个时代里，武力决定一切，要想骑在人民的头上，干脆放弃迂腐的封建道德教条，拿起枪赶来逐鹿战场，这才是登龙的捷径。匡胤在塾里念的是经书，放了学常和孩子们一道，做操演打仗的游戏，每逢从学塾还家，总要排起一列小孩子的队伍，自己押在队后，像真的有回事似的，行人遇见了，

① 《新五代史》卷六《明宗纪》论。

也只好给他们让路。[1]

朝代改易后，弘殷还是做着原官，不过随着后晋迁都，他们全家已经迁往汴梁。匡胤是在洛阳生长的，离开时至少已经十二岁，[2] 对这个地方具有深厚的感情。一直到他临死的那年，还亲到洛阳走了一遭，徘徊故居，不忍遽去。从少年期进入青年期的赵匡胤，逐渐长大成人，一副经常涨得紫红的大脸，魁梧的身躯，愈长得雄伟英俊、稳重深沉了。乱离的岁月，使他明确地抉择了自己的前程，决心弃文习武，转移读书的兴趣，集中精力来学习军事知识。恃着几分聪明，成绩看来倒也不坏，无论骑术弓箭，都锻炼成较好基础。有次他试骑一匹恶马，马上没有使用缰绦衔勒，当他骑上马背，正想鞭策前进的时候，那马忽然直奔上城的斜道，匡胤前额碰在城楼门楣上，翻身滚落尘埃。旁观的人们，都吓了一跳，以为匡胤的头颅会被砸碎。但等不到一会儿，却见匡胤慢慢地站立起来，一溜烟似的赶上那匹正在狂奔的恶马，耸身一跃，然后又骑到马上，幸亏没有受到损伤。[3]

① 王偁《东都事略》卷一《太祖纪》。

② 后晋迁都在天福三年（公元938年），这时赵匡胤年十二岁。

③ 《宋史》卷一《太祖纪》。

漫游无所欲

十八岁那年，弘殷为他聘娶贺景思将军的女儿作妻室，可是在政治上，他迄未能打开一条出路。这几年赵家的生活，又是在动乱中度过的。这次的骚乱，来自遥远的边疆：当初后晋皇朝创建者石敬瑭，为了夺取统治权力，哀求契丹贵族出兵相助；他出卖了幽云十六州的领土和人民，宁愿向契丹统治者称儿称臣，给人民带来莫大的耻辱。而契丹的统治集团，久已垂涎中原的富庶，有随时入侵的意图。只因石敬瑭统治时代，对契丹统治者始终卑躬屈节，使他们找不到什么借口。等到敬瑭一死，继承帝位的石重贵，不肯向契丹称臣，意图改变过去屈辱的情况，这样，契丹侵略者便以此为可乘之机，大兴其“问罪之师”。当时黄河流域的人民，也曾和官军配合，给侵略者以迎头痛击。有一次，契丹国主就是在败军中夺取一匹骆驼，只身逃回本国的。可惜后晋朝廷中，内有主和的奸臣把持政柄；外有野心勃勃的将领，想以靠拢敌国势力，来换取个人的“富贵”。有的在对敌斗争中不战而降；有的为虎作伥，引敌深入。等到兵临城下，石重贵只落得站在京城的封丘门外，恭恭敬敬地和太后一起亲自迎降。堂堂后晋皇帝，竟然做了阶下之囚。

入城的时候，首先是汉奸张彦泽军到处搜劫，使京城为之一空。跟着侵略者又纵兵四掠，括借官民钱帛，无论贫富，概无幸免，不少人因此倾家荡产，饱受流离的痛苦。赵匡胤家庭挨过这场风波，自然也是狼狈不堪。加上家庭人口不断有了增添，天福四年（公元 939 年）添了三弟匡义，刘知远建立后汉那年（天福十二年，公元 947 年），又添了四弟光美。父亲虽然久典禁兵，但是二十多年来没曾升迁过，也是郁郁不得志的。一个年方二十一岁的青年，正当朝气蓬勃，更兼学会一身本领，未来憧憬的追求和家境的变迁，驱使他在汉初以后几年，离开自己的家庭，过着“四海为家”的漂泊生活。他想走遍天涯海角，总有一天，能够找到那“风云际会”的立足点。

两三年间，他的足迹是辽远的，到过今日的陕西、甘肃，南行又到过今日的湖北。一次路经原州的潘原县（今甘肃平凉东），穷极无聊，和一班市井无赖赌博，被他一连胜了几注，赌徒们欺负他是外乡人，竟然饱以一顿老拳，将匡胤赢来的钱抢了回去。[①] 又有一次到了归德（今河南商丘），酒后闲游高辛庙，进入大殿，见那香案上面，摆着一双竹杯筊，便触动了他的好奇心。暗忖人们都拿它来占卜吉凶，也不妨借此祈问一下自己将来的名位，便顺手拈过杯筊，默默向神灵祝祷着，一边问一边掷，从小校问起至节度使，都没有掷到吉兆。最后只好问道：“过了节度使，难道要做天子吗？”也是凑巧，竟然掷得个“圣筊”，意思说是大吉。后来匡胤做了皇帝，统治阶级就常拿这个偶然的巧合，证明赵宋皇朝的建立，是上应“天命”的，用来对人民实行欺骗与麻醉。[②] 有些时候，匡胤也学着那些“骚人雅士”的行径，闲来吟哦几句。他有一首咏日诗说：

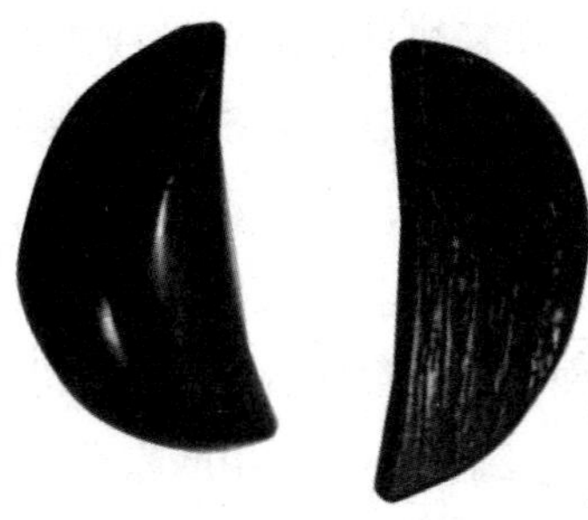

杯筊，古时人们占卜的工具。一般用木头、竹子或贝壳制成，突出面为“阴”，平面为“阳”。占卜时将杯筊抛出，根据其落下的结果来看吉凶。如果杯筊落下时，正好是一正一反（一阴一阳），即为“圣筊”，是大吉之兆。

欲出未出光辣挞，千山万山如火发，
须臾走向天上来，赶却残星赶却月。[③]

大概就是这个时期的作品。

他到复州（今湖北沔阳[④]西南）时，原是想投在防御使王彦超麾下的。不知道怎样，彦超没有把这个同袍的儿子，收容在自己的军中，因见匡胤

① 庄季裕《鸡肋篇》卷上。
② 叶梦得《石林燕语》卷一。
③ 陈郁《话腴》。
④ 湖北沔阳，现为湖北省仙桃市。——编者注

穷困，却只拿出十贯钱来打发他上路。以后他又到了随州（今湖北随县①），这次是来投刺史董宗本的。宗本的儿子遵诲，看不起这个远道而来的穷醋大，凭借父亲的官势，对匡胤横加欺凌。一次为了谈论兵事，两人又争执起来，遵诲被驳得无话可说，竟然发起公子哥儿脾气，悻悻然拂袖而去。匡胤待不下去，只得又辞别了宗本，再作良图。颠连困苦的遭遇，使匡胤在不经意中磨炼成一种沉着稳重的性格；同时，他虽在“漫游无所遇”的情况下，通过和社会各方面的接触，对下层人民的生活，也得到了比较深刻的了解与认识。后来他又到达襄阳，寄居在一家僧寺里，老和尚“慈悲为怀”，见匡胤生的“一表人才”，不像是个终身潦倒的穷汉，便拿出一点私蓄来周济他，打发这个青年人，北上奔他的前程去。恰巧这时契丹横行河北，枢密使郭威奉命出镇邺都（今河北大名东），握强兵，据重镇，招兵买马，进一步想乘机扩张势力。匡胤得知这个消息，连忙前往邺都应募，被收容在郭威帐下，从此他有了一个“好处”安身。②

---

① 湖北随县，现为湖北省随州市。——编者注

② 本段叙述，主要根据《宋史》纪传。匡胤投郭威，《宋史·太祖纪》以为在征李守贞时代，但一方面又说匡胤汉初漫游无所遇，而宋人笔记记载匡胤漫游的轶事颇多，其中虽有许多不足置信的地方，却足以说明匡胤漫游确实经过相当一段时期。郭威讨李守贞，在乾祐元年，离汉初只有一年。今从《东都事略》。

从小军官到殿前都点检

周世宗柴荣（921—959），后周第二任皇帝，五代最著名的英主。他在位时，对内实行改革，对外开疆拓土，后周国力迅速上升。赵匡胤建立宋朝后，继承了他的基本方针政策。但柴荣生性猜忌，又事必躬亲，三十九岁就英年早逝了。

五代混乱时期，战争是军人实力派暴发的机会。不少野心家通过这条捷径，就可以一下“平步登云”。赵匡胤投在郭威军中不久，郭威就从后汉的枢密使，一跃而为后周第一个皇帝。其间的经过，又是十分的委婉曲折的。第一步是郭威出兵进攻汴梁，跟着在澶州（今河南濮阳）来一个将兵拥立。在夺取后汉政权的斗争中，匡胤自然也扮演了角色，加上他是一个蓄意向上爬的人物，参预了拥立这一幕，颇得到主人对他的欣赏，所以就在郭威夺取地位那年，亦即后周的广顺元年（公元 951 年），匡胤就被提升为东西班行首，成为禁卫军军官的一员了。两年之后，郭威派他到滑州（今河南滑县东）做副指挥使。还未出发上任，皇子柴荣恰从澶州内调开封府尹，因素日曾和匡胤军中同事，知道匡胤颇有才能，有意罗致在自己左右，就留他在开封府做马直军使，从此他就仿佛是柴荣的一条臂膀，成了一个经常不离左右的重要人物。

柴荣继承皇位，历史上称他周世宗。世宗显德元年（公元 954 年），仍命匡胤典掌禁兵。未几，北汉刘崇入侵，“御驾”亲征。匡胤和另一将官张永德，各领牙兵二千随行。两军在高平（今山西晋城东北）会战。一

开始接触，后周大将樊爱能、何徽便不战而遁。这是五代以来兵骄将悍的大恶习，一时给战争带来了莫大的危险，右翼周军已在纷纷溃退。正在紧急关头，匡胤眼见形势不妙，就对张永德说："现在贼气方骄，将军的部下一向能射，可从西面登高而上，我这里张开左翼策应，必定可以取得胜利！"又勉励了他的部下一番，然后跃马高呼，带领士兵冲向敌阵。为了使汉族人民避免又一次遭受异族奴役，战士们一个个奋勇争先，打垮了沙陀和契丹贵族的联合入寇，杀得刘崇之徒带领残余遁归本国。论功行赏，匡胤被提升为殿前都虞候领严州刺史，进加永州防御使。[①]

高平战役后，柴荣便着手整编禁卫军，这项工作，他交给赵匡胤负责。匡胤秉承柴荣的意旨，简选一批武艺超群的壮士，编成勇敢精锐的殿前诸班；经过补充人员并加强训练，这支禁军便成为后来战斗力最坚强的队伍。显德二年（公元955年）后周西征，进攻蜀国秦、凤等州。因为对方坚决拒守，许久未能攻下。柴荣很不放心，派匡胤到前方视查，准备重新决定步骤。匡胤到了前方，观察军事形势发展，断定可以最后取胜，回来据实上报，坚定了柴荣攻占四州的决心，最后果然得到了胜利。同年后周对南唐用兵，匡胤是在次年春初才随柴荣南下的。这时南唐用刘仁赡坚守寿州（今安徽寿县），后周诸军日夜进攻，急切未能攻陷。而在淮河下游的涂山（今安徽怀远东南）等地，又驻有水陆两路唐军万余，威胁着后周的围城队伍。为了解除这个威胁，柴荣将任务交给匡胤，命他带领一支兵马，前去攻击下游的唐军。匡胤首先派遣百多骑兵直薄敌营，把对方诱进预先布置好的阵地，一声暗号，伏兵齐发，大败唐军于涡口（今怀远东北），杀死唐将何延锡，夺得战船五十多艘，周军大获全胜。

滁州（今安徽滁县[②]）是淮河一线以南的军事要地，环滁诸山是唐都金陵的天然屏障。为了断绝寿州的外援，控制南下的长江门户，这里是后周一个必争之地。滁州北面的清流关，这时有新从正阳（今安徽寿县西南）东面撤退回来的一万五千唐军，[③] 由大将皇甫晖、姚凤等率领把守。柴荣想早日攻下寿州，以便进一步夺取整个淮南，便命匡胤分兵攻滁。匡

① 《东都事略》卷二十一《张永德传》、卷一《太祖纪》。

② 安徽滁县，现为安徽省滁州市。——编者注

③ 守关人数，《东都事略》和《宋史·太祖纪》俱作十五万，王铚《默记》卷上作十万，都有夸大；今从《旧五代史》卷一百一十六《周世宗纪》。

胤领着几千军兵，兼程倍道前进，与皇甫晖会战于清流山下，结果却被唐军战败。晖正全师驻屯滁州城，准备次日出战。匡胤再次屯兵关下，未免害怕皇甫晖再来挑战，他从村民那里打听到，有个幽州（今北京）人赵学究，在村中教学，平日为人诡计多端，专一承揽村民中的各种争讼。匡胤换了便服，亲自前往拜访，学究得到依附军人实力派的机会，隆重地行礼相见。匡胤再三向他问计，学究便对匡胤说："我有奇计，可以因败为胜，转祸为福的。"他告诉匡胤，清流山背后，有条小路通到滁州城，但是素来没人行走，连皇甫晖的军士也绝不会知晓，如果从这里绕道而出，趁着西涧水大涨之期，正好浮水而下，出其不意，攻其无备，滁州唾手可得。匡胤闻说大喜，就要求学究派人引路，学究欣然允诺。①

清流关遗址，位于今安徽省滁州市西北。其南望长江、北控江淮，地势险要，是出入金陵（南京）的必经之地，号称"金陵锁钥"。除赵匡胤在此大破南唐军外，朱元璋也曾于此大破元军；而李自成、杨秀清则败于关下。直到抗战时期，清流关仍为防御重地。

匡胤连夜下令誓师，大军从小路悄悄而行。周军突然在山后出现，使皇甫晖等大吃一惊，赶紧退回州城，企图断桥自守。只见匡胤跃马麾兵，已经涉水直至城下。皇甫晖说："人各为其主，愿容成列而战。"匡胤笑着答应了他。皇甫晖整列队伍，拥众复出，匡胤手抱马颈，飞奔突入敌阵，大声喊道："单要捉拿皇甫晖，别人不是我的仇敌!"说着闯至皇甫晖面前，抽出利剑，一下砍中晖的头部，士兵们上前，活捉了晖和姚凤，占领滁州城。② 那个为匡胤引路的学究，就是赵普。拔除了敌人滁州这一据点，

① 本段叙述根据《默记》。

② 本段叙述根据《资治通鉴》卷二百九十二《后周纪》。

周军就乘着破竹之势，攻下扬州，又取泰州（均在今江苏省），一时“淮南之地，已半为周有”①。经过这番战役，匡胤的军事才能，受到时人所赞许；甚至他的劲敌皇甫晖，也说“臣向日屡与契丹战，未尝见兵精如此”，② 并且盛夸匡胤作战的勇敢。匡胤的个人威信，从此大大提高了。

不久南唐陆孟俊反攻泰州，当地守军不战而遁，孟俊乘胜进迫扬州，后周大将韩令坤又想弃扬州城。柴荣一面派张永德支援，一面派赵匡胤率步骑兵二千，驻屯六合（在今江苏省），来监视扬州的动静。匡胤一到目的地，就下令说：“扬州兵有过六合者折其足！”令坤得知心里恐惧，这才立志坚守。结果攻城的南唐军，被周军杀得大败，主将陆孟俊被俘虏。这时，南唐统治者又派齐王李景达统兵二万，由瓜步（在六合东南）进窥六合，距离六合二十多里，便安置营寨，逗留不前。匡胤部将请出师进击，匡胤说：“他们设栅自固，表明害怕我们，我军不满二千，如果出击，要被他们知道虚实。不如听候他们前来，必定可将他们击破。”过了几天，唐军果然迫近六合，匡胤下令诸军奋击，唐兵大败，被杀被俘近五千人。残余一万多溃兵退至江边，争先恐后，抢着乘船南渡，堕入江里溺死的，不计其数。南唐精锐，损失很重。匡胤亲自督师，见有士兵不肯力战，假意催促，用剑在他皮笠斫下一个表记，第二天检阅队伍，几十个笠有剑痕的士兵，登时下令斩首。整顿军纪之后，士兵的战斗力更加强大了。③

两个月后，匡胤所部从六合班师回朝，路过寿州。这时柴荣已先行返京，寿州军事，交给大将李重进指挥。匡胤来到时，遇着周军攻城失利，粮运不继，天气又炎热，一时军心涣散，将官们正在议论纷纷，盼望早日撤兵，转回京城。匡胤看见这般情况，觉得有些不妙，便决定暂时留驻，鼓励前方士气；果然因为来了一支“英勇善战”的生力军，围城士兵一个个精神振作。十天之后，局面已经扭转，这才拔队回师。这一年，赵匡胤授同州节度使兼殿前都指挥使。④ 节度使名位既高，威望渐盛，自从陷入混战以来，多少野心家通过这个地位，终于得到“飞黄腾达”。匡胤以滁州一役战功，得到主子这般宠信，实在是他政治生命中的一个转折点。后

---

① 本段叙述根据《资治通鉴》卷二百九十三《后周纪》。

② 《资治通鉴》卷二百九十二《后周纪》。

③ 同上。

④ 本段叙述根据《旧五代史》卷一百一十六《周世宗纪》。

来他的侄儿赵恒，为了纪念这个和赵宋发迹有关的地方，特地在滁州盖起一座庙宇，将大殿改名为“端命”，就是表达这个意思。①

寿州的围攻经过了好长时间，因为南唐将兵死守，城壁迟迟不能攻陷。显德四年（公元957年），南唐李景达从濠州（今安徽凤阳东）派来了救兵，驻扎城外紫金山上，一连结集起十多个营寨，与城中烽火朝夕相应，又筑甬道快通寿州，准备接济城中粮食。这年春天，匡胤又随柴荣南征，来至寿州城下，观察了紫金山形势，柴荣就把军队布列在山的南面，叫匡胤首先攻击山上各寨，以断绝寿州的外援。匡胤接到命令，便率领亲军登山，连破数寨，斩获三千余首级，切断所筑甬道，使唐兵首尾不能相救。次日，未陷各寨也尽被击破，寿州完全陷入孤立。战败的唐军，纷纷沿着河流向东奔溃。柴荣率领亲军，沿着淮河北岸追赶，驱驰二百余里，抵达镇淮军（即涡口），杀获很多，就在当地架搭浮桥，跨越淮水，阻遏由濠州通往寿州的援路。于是寿州的对外联系，全部已经切断，守军被迫，只得向后周投降。

大军还京，匡胤因功改领义成军节度使。这年冬天，柴荣亲征濠泗，用匡胤领兵任前锋。队伍从镇淮军渡过淮河，进兵濠州。南唐在城东北十八里滩上，设下营栅，满以为四面阻水，利用这天然障壁，州城就可像磐石似的安稳。没想到柴荣派遣数百名甲士，跨着骆驼渡过淮水；同时，匡胤的骑兵也截流而渡。南唐战舰一齐上前包围，却被周军杀得大败，七十多艘战舰被焚，水寨一下就被攻破。此后大军沿淮水陆齐进，乘胜进攻泗州城（今安徽盱眙北）。匡胤率领前锋精骑，首先焚烧郭门，夺取月城，守将范再遇出降，泗州便给周军占领。从这里追踪东向，柴荣自领一军在河北，匡胤率领一军在河南，夹着淮河两岸前进，军行鼓噪的声音，传播至几十里。行至楚州（今江苏淮安）附近，匡胤又打了一场胜仗，俘虏南唐濠泗楚海水陆都应援使陈承昭，跟着周军又攻克楚州。大军南向，一路获得胜利，曾经放弃了的扬、泰等州，现在又都插上后周的旗帜。匡胤一军，进破唐兵于迎銮口（今江苏仪征），乘胜遣战船追赶败军，直至长江

① 《默记》卷上载：“其后真宗时所以建原庙于滁，而殿曰‘端命者，太祖历试于周，功业自此而成，王业自此而始，故号端命’。”但作者解释滁州一役，何以是匡胤“王业”起点时，却认为此次战役，关系柴荣尽得淮南，李景割地称臣，这与史实不合。其实是匡胤因滁州战功而得节度使，成为觊觎帝位的垫脚石。

南岸，焚毁不少唐军营栅。不久，他的水军又大破南唐战船百余艘于瓜步。①

后周进军楚州，已经是显德五年（公元958年）正月的事了。经过三个月的战争，南唐水军主力大部被歼灭，淮南东部领土，也跟着被占领，后周势力拓展到长江江滨，随时威胁着江南的安全。南唐统治者为了延续小朝廷的寿命，只得遣人渡江，献出江北十四州地，画江为界，请求息兵。直至同年三月，和议告成，结束了为期二年另四个月的一场恶斗。后周班师，赏淮南战功，赵匡胤改领忠武军节度使。

这些年来，匡胤的政治生活，可说是一帆风顺、洋洋得意了。但在家庭生活中，却遭遇接二连三的变故。他的父亲弘殷，当显德三年时，累官至检校司徒、天水县男，和匡胤同典禁军。柴荣亲征淮南，弘殷做前军副都指挥使，领兵先入扬州。但在不久以后，弘殷便在前线染病，先行北返了。当他经过寿州时，正值匡胤也在那里，父子还见了最后一面，不料未到京师，竟中途逝世。隔了不过两年，他那素称“贤慧”的妻子，跟着也因病去世，她死时才不过三十岁，遗下两个女儿、一个儿子。儿子取名德昭，这时年纪只有八岁。贺氏夫人死后，匡胤续娶王饶将军的女儿做继室。虽然名位渐高，但因出身寒微，而且做官廉洁，日常鞍马衣服用度还不能应付裕如，赖同僚好友张永德不时资助，才得勉强筹措。这次续弦，永德又赠送他几千缗金帛。

赵弘殷（899—956），赵匡胤之父，后周时任龙捷右厢都指挥使、领岳州防御使，与赵匡胤分掌禁军，父子荣耀一时。宋朝后，追尊为昭武皇帝，庙号宣祖。

① 以上叙述，主要根据《旧五代史》卷一百一十七《周世宗纪》。

淮南战事结束，南唐统治者见匡胤威名日盛，就想玩弄手段实行离间，遣使递给匡胤书信，贿赂他白银三千两。匡胤知道来意不善，收下礼物，爽性把银子输入内府，这样就杜绝了对方的阴谋。[①] 在五代政治黑暗时期，贪官污吏遍天下，匡胤能够注重操守，拒绝收受贿赂，这是当时少见的事。

后周占领淮南后，充实了国内的人力物力，便想掉转头来对付契丹，解除北方外族的威胁。显德六年，柴荣亲征契丹，宁州（即乾宁军，今河北青县）、益津关（今河北霸县[②]）守将，相继归降。柴荣以少数轻骑继续前进，由匡胤率领所部保卫着，先行来至瓦桥关（今河北雄县），守将姚内斌又以城降。这时大军数万，已经随后赶至，边界城邑，望风归附，光复关南全部国土。正拟追奔逐北，攻取幽州，而柴荣突然病倒，北伐军只得终止前进。柴荣回到京师，病势没见起色，反而日趋沉重。当时法定继承人皇长子柴宗训，年纪只有七岁，为着使柴氏子孙长久享有统治权，柴荣在临死之前，替自身身后的政局，预先做好一番布置。殿前都点检张永德，率领着全国最精锐的禁军，屡屡建立军功。前些日子，柴荣在北伐前线，无意中捡得一块木牌，长约二三尺许，上面写着“点检做”三个大字，知道这又是野心家造谣惑众的伎俩，心里倒有几分猜忌。更兼永德原是郭威娇婿，自己死后，可能就会跋扈难制，真是一个危险的人物。因此就解除永德的军职，用赵匡胤代他做殿前都点检。

① 本段叙述，根据《东都事略》卷一《太祖纪》，同书卷二十一及《宋史》卷二百五十五《张永德传》。

② 河北霸县，现为河北省霸州市。——编者注

“陈桥兵变”“黄袍加身”

柴荣死后，宗训年幼即位，不能负担起任何实际责任，国家大事，只好交给代理人处决。大臣之中，宰相范质是个循规蹈矩的“忠厚长者”，性情率直，廉介自持，却不是乱世中底定狂澜的柱石。侍卫亲军副都指挥使韩通，原来出身行伍，性情刚愎暴戾，有勇无谋，说话多与别人不合，喜欢擅作威福，部下都不贴服，人人叫他“韩瞪眼”。而归德军节度使殿前都点检赵匡胤，历典禁兵，战功累累，对部下能够“恩威并济”，有一套驾驭的手法，所以博取将士们的“心诚悦服”。名誉地位日渐提高，他的野心也愈益暴露。显德末大臣郑起上书给宰相范质，力陈匡胤得士众归心，对周室极为不利。杨徽之还劝告柴荣，不如解除匡胤禁军军职。① 但因那时匡胤既是柴荣的爱将，又能够装饰自己，骗取柴荣给他以最大的信任，一切不利于他的建议，自然都不可能得到当道的采纳。

宗训统治期间，韩、赵二将同时典掌禁兵，而军事大权尽归韩通，未免不惬“人望”。韩通的儿子韩微，劝他父亲早日铲除后患，而韩通却偏偏不听。俗语说得好，“无风不起浪”。匡胤手里掌握一支强大的劲旅，在他的周围，又团结了一班“知兵善战”的武将，也就是和杨光义、石守信、李继勋、王审琦、刘庆义、刘守忠、刘廷让、韩重赟、王政忠等，结成义社十兄弟，② 另外又得到军士们对他的拥护。朝廷之内，既然是“主少国疑”“政出多门”，因而惹起人心浮动；加上领兵宿将，又多和匡胤互相勾结，真是千载一时的良机，这一切都足以增长这个军人野心家统治人民的野心。何况，这时候在他的幕下，更有他的弟弟赵匡义、幕僚赵普、

① 《续资治通鉴长编》卷四。

② 李攸《宋朝事实》卷九。

陈桥兵变。为首骑马者为赵匡胤。

李处耘等等，又都是不甘寂寞的人物。一个巨大的阴谋，在酝酿着。

公元960年（后周显德七年，北宋建隆元年）的阴历元旦，朝廷接到来自镇、定二州的探报，报告契丹和北汉联合入侵的消息。宰相范质、王溥等急忙商议，决定派遣赵匡胤统帅宿卫诸将北征。契丹这次入侵，《辽史》上并没有记载；《宋史》等书在记载匡胤即帝位后，紧接着说“契丹与北汉军皆遁”，甚至夸大其辞说，契丹统治者的撤兵，是因为听见中国有了什么“英武圣主”登极，不敢“以螳螂而御辙”①。这种说法，是不值得一驳的。其实所谓契丹入侵，仅仅是一个谎报，他不过是赵姓集团实现阴谋的一个步骤罢了。因为假借外族入侵的威胁，匡胤可以抬高自己身份，以“举足轻重”的姿态，在政治舞台出现。同时也可骗取更大的权力，有利于阴谋的进展。而且，后周的统治集团，在开封有着牢固的势力，利用北伐的名义，乘机结集自己的力量，选择一个有利的地点，就可以摆脱旧势力的束缚，不慌不忙地实现拥立阴谋。万一遇着强大的阻力，也有一个退步的余地。② 而更重要的是，抵御契丹侵略，这事本身是符合人民利益的，匡胤以“民族保卫者”的身份自居，就可以骗取人民对他的支持，这也是郭威在澶州被拥立时的故智。匡胤曾在郭威帐下立功，亲身经历这件大事，自然可以吸取他的经验，因此在许多地方，就抄袭了郭威

① 《宋朝事实》卷二十。

② 匡胤被拥立后回到开封，宰相范质对王溥说：“仓卒遣将，吾辈之罪也。”说明匡胤的确因为利用出兵机会，得以提早实现他的阴谋。

的公式，而且又发展了一步，从这里可以看到匡胤实比郭威还要高明。①

京城耳目众多，无论匡胤和他的拥护者，伪装得如何周密，秘密总会暴露出来。大军临出发前，京城内策立新天子的谣言，传遍至每一个角落，一时满城风雨，搬家的，逃难的，早已乱作一团。只瞒了当时最高当局的朝廷，他们还处在梦境里。连最有力量制止事变发生的韩通，也麻痹大意得很，对匡胤依然一意信任。他的儿子韩微献计，要趁匡胤入府辞行的机会，乘机将他杀掉。但韩通却极力阻止，让这个心怀诡诈的客人，安全地返回自己的家里。临出发那一天，匡胤加意约束自己部下，显出纪律特别严明，浮动的京师人心，这才逐渐安定下来。行军的时节，号知天文的军校苗训，自称看见两个太阳，一上一下，黑光磨荡了很久，硬指天空对匡胤亲吏楚昭辅说，这是"上天授命"的预兆。

大军行至开封东北四十里地，地名陈桥驿，就在那里歇下了。晚上，将士们纷纷聚谋说："主上幼弱，未能亲政，我们出死力为国家破贼，有谁知道呢？不如立点检为天子，然后北征也还未迟。"谈论了许久，主要的预谋者赵匡义、赵普和诸将部署停当，遣人连夜飞骑进京，对禁军将领石守信、王审琦传递消息，约好在京城内部策应。这里陈桥驿馆附近，将士们通宵环立，候至天明，四面叫呼声起，闹成一片。匡义和赵普进至卧室，匡胤酒醉方醒，正打着呵欠，慢慢地起床。这时列队在庭前的将校，一个个手持兵器，齐声说道："诸将无主，愿策太尉做天子！"匡胤还未来得及答话，已被群众簇拥到厅堂，有人把一件预备好的黄袍，罩在他的身上，大家退至庭前，罗拜地下，口称"万岁"。拥立一幕，至此搬演完毕。

众人搀扶匡胤上马，便要启程还京。现在问题的关键，全在夺取后周的统治权，是否能够顺利进行了。要达到这个目的，除了争取后周势力转向外，更重要的是，如何获得人民对自己的支持。匡胤和他的集团都了解，单靠玩弄迷信符命一套把戏，是不足以"维系人心"的；必须事实上

---

① 《旧五代史》卷一百一十《后周太祖纪》："会镇、定州驰奏契丹入寇，河北诸州告急，太后命帝北征。十二月一日帝发，离京师四日，至滑州，驻马数日，会湘阴公遣使慰劳诸将，受宣之际，相顾不拜，皆窃言曰：'我辈陷京师，各各负罪，若刘氏复立，则无种矣！'或有以其言告帝者，帝愕然，即时进途，十六日至澶州。是日旭旦，日边有紫气来当帝之马首。十九日下令诸军进发；二十日诸军将士，大噪趋驿，如墙而进，帝闭门拒之。军士登墙越屋而入，请帝为天子。……或有裂黄旗以被帝体，以代赭袍，山呼震地。……帝即登城楼，稍得安息，诸军遂拥帝南行。"匡胤拥立过程，完全是郭威公式的翻版。

能适当满足人民的要求。针对过去新统治者入城，军队乘机就大肆劫掠的恶习，赵普等提出：“若能严敕军士勿令剽劫，都城人心不摇，则四方自然宁谧，诸将亦可长保富贵。”因此在临行之前，匡胤和将士们誓约道：“少帝和太后，都是我北面侍奉过的；公卿大臣，都是我的平辈，你们不得凌暴。近世帝王初入京城，都纵兵大掠，擅劫府库，你们不得这样。事定之后，听者厚赏，不听者族诛。”这主要是对京城内的官僚地主和商人让步，但是这种让步，也符合了小生产者和城市下层人民利益的。①

事实证明，匡胤集团是具有敏锐的政治眼光的。几乎没有遇到抵抗，他们在当天就进入开封。开封的居民，饱受历次政变的灾祸，听见大军去了又回来，未免担惊受怕，有如“惊弓之鸟”一般。及至听到陈桥军前的戒约，看到入城士兵的确没有抢掠，匡胤一到，就下令他们解甲归营，市面商店照常营业，又都转而表示安慰。② 有的无赖游民，趁机劫掠发财，被巡逻的人搜索捕获，立将几个斩首示众，官府又偿还被难人家的财物，京城秩序很快就安定下来。当匡胤率兵回京时，后周君臣仓促接得报道，就想关闭左掖宫门扼守，保卫这个皇族的所在地。但是赵姓集团老早就有了布置，当匡胤等来至宫门前，有石守信开门内应，匡胤便进入殿前都点检的衙署。后周的宰相大臣，急切中一个个束手无策，只有韩通从内廷飞奔回家，准备组织抵抗。行至途中，被匡胤军校王彦昇发觉，彦昇跃马追逐，跟踪至韩通家里，大门还没有来得及掩闭，被彦昇闯入屋内，将他全家杀死。

陈桥驿。左侧石碑上书“宋太祖黄袍加身处”，右侧古树名叫“系马槐”，相传陈桥兵变前后，赵匡胤曾将马系于此树。

宰相范质、王溥，被将士拥至匡胤衙署。这时，匡胤正在脱下黄袍，稍事休息。看见范质等来至面前，假装流涕呜

---

① 以上叙述，主要根据《续资治通鉴长编》卷一。

② 邵伯温《邵氏闻见录》卷七引《建隆遗事》。

咽道："我受世宗厚恩，今日被六军所迫，到了这步田地，使我感到惭愧。"范质等正待答话，军校罗彦瓌已经挺剑上前，高声吆喝道："我辈无主，今日必得天子！"匡胤假意要将他叱退，却看不见彦瓌动弹。疾言厉色，迫得范、王二位，你看看我，我看看你，不知怎样应付。约莫矜持片刻，王溥首先退至阶下，倒身下拜。范质势不得已，也只好跟着下拜，口呼"万岁"。临终顾命的大臣，就这样对篡位者屈服了，剩下寡妇孤儿，益发是无能为力。一切都在顺利进行中，赵姓集团进一步密锣紧鼓，忙着筹备禅代大典了。自然也是事不宜迟，当天下午，崇元殿上，聚齐了文武百官，站定班次，隆重地举行禅代的仪式。翰林承旨陶穀，到时拿出起草好的禅位制书，用柴宗训的名义宣布道：

> 天生蒸民，树之司牧，二帝推公而禅位，三王乘时以革命，其极一也。予末小子，遭家不造，人心已去，国命有归。咨尔归德军节度使殿前都点检赵某，禀上圣之姿，有神武之略，佐我烈祖，格于皇天；逮事世宗，功存纳麓，东征西怨，厥绩懋焉。天地鬼神，享于有德，讴歌狱讼，归于至仁，应天顺民，法尧禅舜。如释重负，予其作宾，呜呼钦哉，祇畏天命！①

宣徽使引匡胤跪倒龙墀，北面拜受。宰相扶掖匡胤升殿，换过御袍，即皇帝位，受群臣拜贺。因为匡胤所领归德军就在宋州（今河南商丘），改国号叫宋。这一年，匡胤的年纪，还只不过三十四岁。

---

① 《东都事略》卷一《太祖纪》。

击溃后周残余的反抗

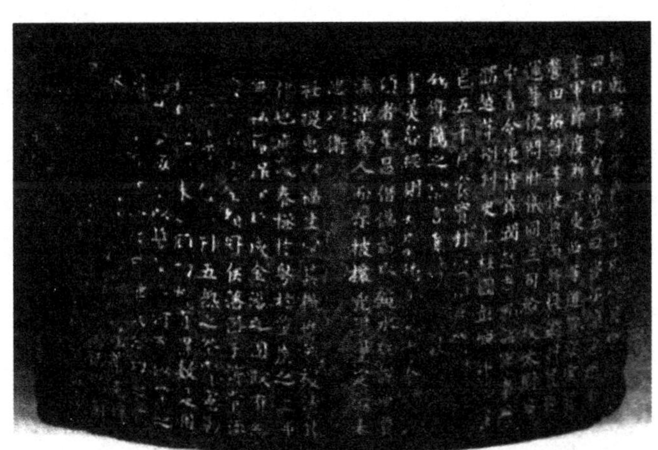

歼灭李筠

杀掉韩通，降服在朝百官，并不等于全部消灭旧的反抗势力。相反的，在北宋皇朝建立以后，一些拥有实力的强藩，对这个新建的皇朝，有的抱着观望态度，更甚的却在虎视眈眈，不肯放弃发展个人野心的机会。现在，赵匡胤通过一套“合法”手续，既被承认做了皇帝，眼前最重要的课题，自然就轮到巩固政权，首先是怎样运用各种手段，来迫使那些异己分子就范了。按照当时的形势，对这些态度暧昧的政敌，实行监视和收买，为使政权迅速稳定，无疑地是一个有效的办法。至于公开起来反抗的，那就不得不“以牙还牙”，断然用诉诸武力的办法，来求得解决。匡胤就是本着这个宗旨，来肃清自己政权道路上障碍物的。

当匡胤宣布北宋皇朝成立时，许多使节衔命出发各地，传达新朝廷的诏旨。正在北方巡边的镇安节度使、侍卫马步都虞候韩令坤，重兵驻屯真定（今河北正定）的镇宁军节度使、殿前副都点检慕容延钊，都是匡胤往来很密的好友。令坤年轻时常和匡胤在一起，有次两人在一家破土房子赌博，听见门外雀斗的声音，争着出去捕鸟，刚一出门，土房子突然坍塌下来，两人险些送了性命。延钊原是匡胤的副手，两人的私交也很融洽，匡胤虽然做了皇帝，一直还称延钊做兄长。① 事实上他们都是集团内部的人物，所以当朝廷使者抵达军前宣布新皇帝即位时，自然也都欣然接受了。

在潞州（今山西长治）镇守了八年多的昭义军节度使李筠，原来是后周时代的开国功臣，连柴荣继承皇位，他还没有放在眼内。平日在镇，专门截留中央赋税，招纳亡命，野心暴露，已非一朝一夕。柴荣念他是养父旧臣，只好让他几分。现在，出身低微的赵匡胤，竟然也穿戴衮冕坐起龙

---

① 《宋史》卷一《太祖纪》，《东都事略》卷二十《慕容延钊传》。

赵匡胤（南薰殿旧藏《历代帝王像》）

廷，要他屈身侍奉，甘拜下风，自然是势难办到。对于这点，匡胤也并非不知，所以在即位之初，就拜他中书令官，企图用高爵厚禄，来笼络这位勋旧元老。但是，李筠手头拥有雄厚实力，不是一个虚衔就能满足他那蓬勃的野心的。他想利用后周的残余力量，以讨伐叛逆的组织者自居，号召站在后周方面的官僚地主，来打垮新皇朝的统治。而且，近在比邻的北汉，虽然是后周世仇，它的统治者却常怀着觊觎的野心，未尝不是一股可以利用的力量。这样，就使得这个军人野心家，更加坚定了逐鹿中原的企图。山西南部，阴霾满天。

这天，朝廷的专使来至潞州，正式宣布新政权的成立。李筠心里老大不高兴，登时就要发作，只是拗不过左右的僚属幕客，勉强还是对着诏旨下拜了。但是愤懑的心情，无论如何是掩盖不住的。衙署内照例举行庆贺的酒筵，高贵的使者坐了首席，一时置酒张乐，好不热闹。正在开怀畅饮的当儿，只见李筠闷闷不乐，忽然吩咐左右，拿出郭威的一幅画像，高挂在堂前，自己唏嘘涕泣，哭个不停。满座宾客，不禁大大吃惊，急忙对使者解释："令公酒后，失了常性，切莫见怪！"这件事情，很快传到北汉统治者刘钧的耳朵里。刘钧看清了李筠与赵匡胤之间的矛盾，利用机会，前来勾结。暗将一封密约出兵的蜡丸书，从太原送抵潞州，展布在李筠的眼前。李筠心虽默许，却因左右多半不赞成他反抗中央，恐怕隐瞒不住，只好将原书缄封完固，遣人送与匡胤。匡胤也明知他的底蕴，但因痕迹尚未显露，为了顾全大局，还是亲笔写了回信，着实对他安慰了一番。

李筠的长子守节，很不同意他父亲的密谋，曾不止一次地想说服李筠，但都没有收到效果。匡胤为了分化对方的力量，授给守节皇城使的官职，李筠也乘势遣守节入朝，以便观察动静。匡胤迎接守节进京，向他问道："太子！你来干吗?"守节吃了一惊，叩头道："陛下说的什么? 想是有人离间我父了。"匡胤道："听说你劝谏过几次，老贼都不听，不惜命你前来，想我杀你罢了。回去告诉他，我未做天子时，任从他自己怎做，我做了天子，就一点也不能让我么?"守节返回潞州，转达了匡胤这番言语。但是李筠态度异常坚决，没有悬崖勒马的意思，而且阴谋已被戳穿，爽性就公开活动起来。

建隆元年（公元960年）四月，李筠在潞州竖起反宋的旗帜，首先发布宣战檄文，数说赵匡胤的许多罪状。又将监军周光逊等拘捕，遣人押送至北汉纳款，请求派遣援兵。同时袭破泽州（今山西晋城），杀刺史张福，盘踞州城。北汉刘钧接李筠来书，便决定亲自出马，即日阅兵倾国而出。行至太平驿（今长治西北），李筠已经率领官属耆老，在那里迎谒。刘钧封他做西平王，赏赐他许多马匹和服玩珍异。李筠见刘钧仪卫寡弱，认为没有帝王气象，心里十分懊悔。刘钧和李筠商议大事，听见他口口声声不负周氏旧恩，矢志效忠于北汉世仇，心里也着实不高兴。李筠回去，刘钧又派宣徽使卢赞，前往泽潞监军，更加惹起李筠的反感。所以他们这次会见，其实是很不愉快的。卢赞到了泽潞，李筠非但不能和他很好合作，而且双方摩擦，异常激烈。

李筠拥有战马三千匹，开辟一个毬场来日夜操演，声言直捣汴梁。他的部下闾丘仲卿，不赞同这个计划，而李筠却置之不顾。终于留李守节扼守潞州，自己率领三万余众南下攻宋。这边赵匡胤也在调兵遣将，实行北伐。命石守信、高怀德做前军，慕容延钊、王全斌所部由东路策应，和石守信军会合。五月，会战于长平（今山西晋城东北），首次交锋，宋军大捷，斩首三千级。

这时匡胤的亲征军，又从汴梁出发，一路经过荥阳（今河南省）、河阳（今河南孟县①）和怀州（今河南沁阳），渡黄河，逾太行，六月进抵泽州城下。当经过太行山时，山路险峻多石，不便通行，匡胤做做样子，首先在马上搬运几块大石，群臣和军士，跟着执行清除石块的命令，将那

① 河南孟县，现在为河南省孟州市。——编者注

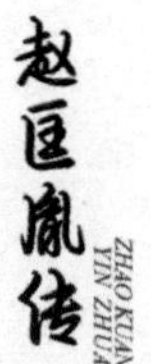

嶙峋险恶的山径，立刻筑成一条平坦的道路。这时石守信一军，已在泽州南面击破李筠主力，杀北汉监军使卢赞，俘虏北汉节度使范守图。从此，李筠再也没有反攻的力量，被迫退入泽州，婴城自固。

泽州的攻城战是猛烈的，由匡胤亲自督师。一连十天，建立起围城的寨栅，虽然并力进攻，城坚一时不得攻下。直至后来李筠内部起了分化，潞州将领王全德、王廷鲁前后出降，反宋势力遭到削弱。这天，宋控鹤左厢都指挥使马全义，奉命率领诸军奋击，带着敢死队首先登城。依靠将士们的奋战，匡胤又亲帅卫兵接应，终于把泽州城攻陷。李筠不愿被俘，投入火中自焚而死。跟着李守节献了潞州城。事变从爆发到敉平，先后不过六十四日。[①]

① 本段叙述，主要根据《续资治通鉴长编》卷一，参以《宋史》卷四十八《李筠传》。

打垮李重进

当泽潞之战在进行中，开封来了一个神秘的客人。这个客人，名唤翟守珣，是淮南节度使李重进的亲吏。这次他奉了重进之命，要到潞州面见李筠，商议反宋同盟的缔结。守珣原本和匡胤有旧，所以偷偷来到汴京，找到匡胤亲信李处耘，由处耘的引领，得见赵匡胤。匡胤获悉底细后，便厚赂翟守珣，委托他回扬州后，设法延缓重进的反抗阴谋，阻止南北两大势力的夹击，避免两线同时作战，以致分散自己力量。守珣领命去了。

原来李重进在后周时，已经是个久握兵权的宿将，而且又是郭威的外甥。柴荣统治时期，他和匡胤二人，分掌内外兵柄，位高权重，彼此间就产生了猜忌。匡胤夺取皇位后，对重进常怀戒惧心理。重进却因为和后周有姻戚关系，知道不会被匡胤喜欢，对新政权的态度，始终是在犹豫着。匡胤也给他加上中书令官，却剥夺了他的马步军都指挥使。名位虽高，但是剥夺了他的军权，重进自然感到不满。为了进一步试探匡胤的企图，重进还请求入朝觐见。匡胤却不想接近这样一个含着敌意的危险人物，竟婉言拒绝。复文的措辞，出自名家手笔，大略说："君为元首，臣作股肱，虽在远方，还同一体，保君臣之分，方契永图，修朝觐之仪，何须此日！"婉约的辞令，遮盖不住猜忌的嫌隙，重进愈发心不自安。从此他在扬州筑城浚濠，招兵买马，增强自己实力，候机起来反抗。听说泽潞起兵，便赶紧派人前往，希冀得和李筠联合，共同打击匡胤。不料翟守珣非但空跑了一趟，回来后反力劝重进持重缓发。这使重进迟疑不决，坐失时机；而匡胤得到从容集中力量，打垮李筠和北汉的联合进攻，从而使新政权获得进一步稳定的原因。

北方军事告捷，匡胤就掉转头来对付李重进。先来一个"调虎离

铁券是古代皇帝颁发给功臣、重臣的一种带有奖赏和盟约性质的凭证，始于汉朝刘邦。最初用朱砂填字，故有丹书铁券之称；隋唐以后，改用金子填字，称为“金书铁券”。由于某些铁券具有免死的特权，因而民间俗称“免死金牌”。

山”的办法，下令重进改领平卢节度使，移镇青州（今山东益都[①]）。匡胤明知重进“终无归顺之志”，但是表面上仍派陈思诲做特使，赐给重进铁券。这一套做法，不外要使天下人知道，“朕于周室旧臣无所猜间，重进不体朕心，自怀反侧”，将重进覆灭的责任归他自负。这样对于那些仍在观望的“周室旧臣”，不失为一次有益的政治宣传。但正如守珣所料一般，铁券对于重进丝毫没有发生作用，连派去的特使也被拘禁起来。不久重进又派人到南唐搬请救兵。这时南唐国势已经日蹙，统治者李璟正自顾不暇，不敢贸然向北宋挑战，于是拒绝了这个请求。当时重进的处境比较孤立，在扬州监军的安友规，平素本来就为重进猜忌，看见重进阴谋日急，一天便想和几名亲信冲出扬州，结果受到重进士兵邀击，只得逾城而逃。重进大怒，立即逮捕了几十个平日对他不服的军校，斩首示威。

建隆元年九月，赵匡胤命石守信、王审琦、李处耘、宋渥等率领禁军，分道进讨。大军出发后，赵普又劝匡胤亲赴前线，名义上是争取速战速决，实质上加强对远征诸将的控制。匡胤就在这年十月，率领亲征军从

① 山东益都，现为山东省青州市。——编者注

京师出发，他们乘船经过宿州（今安徽宿县[①]）、泗州，然后舍舟登陆，一路上浩浩荡荡，鸣鼓前行。大队到达扬州北面的大仪镇，就接到前方传来的捷报，说是扬州旦夕可破。匡胤连忙下令起程，急急赶赴城下。就在那一天，宋军攻下扬州，李重进全家自焚而死。这时，已经是当年的十一月了。[②]

① 安徽宿县，现为安徽省宿州市埇桥区。——编者注

② 本段叙述，根据《续资治通鉴长编》卷一、《宋史》卷四百八十四《李重进传》。

匡胤制胜原因

二李反宋活动的失败，这是势所必然的。首先，匡胤的出兵，是打起了统一的旗帜，这正是符合于当时人民群众的想望。在长期分裂混乱之后，统一战争的完成，统一帝国的建立，社会秩序的恢复和安定，便成为推动社会生产力必不可缺的、有决定性的前提条件。因此，匡胤的出兵是适时的，是得到人民群众支持的。相反，二李的起兵，完全是和人民群众的利益背道而驰的，因为它违背了人民对于统一的要求和意愿，这种不得人心的战争，其失败是理所当然的。

其次，匡胤手里掌握的中央禁军，经过柴荣的整顿和扩充，在控制跋扈的强藩方面，已经绰绰有余。这个作用，在这两次战争中，都得到充分发挥。反过来看他的对手，他们的军事力量，都远远不如匡胤。李筠的出兵，虽有北汉势力的支持，实际北汉主力逗留在太平驿，根本未动。李重进则孤军作战，正如南唐所批评的（当然其中含有夸大成分），“乃欲以残破扬州，数千弊卒，抗万乘之师，借使韩白复生，必无成理”①。何况，反抗者的内部，还存在着种种矛盾，匡胤乘机利用这些弱点，进行分化离间，终于各个击破，大获全胜而归。比方他拉拢李守节来打击李筠，拉拢翟守珣来打击李重进。总的方面，又在南北两大势力间，纵施反间，使他们始终没有联合机会，于是匡胤得到集中兵力，先北后南，从容不迫，赢得胜利。李筠和北汉虽有勾结，但一来李筠野心勃勃，极不甘愿对北汉低头称臣；二来他仍然用后周来做号召，招致北汉统治者的猜忌；三来北汉派人前来监军，李筠行动反受牵制。彼此争权夺利，同床异梦，并非真诚合作。

---

① 《续资治通鉴长编》卷一，冯延鲁语。

复次，在战略方面，起兵山西的李筠，既不能利用天然的山险，固守泽潞作持久战，以消耗对方的实力，然后待机反攻；又不能接受闾丘仲卿的建议，“西下太行，直抵怀孟，塞虎牢，据洛邑，东向而争天下”。竟妄图一味蛮干，想依靠“儋珪枪”和“泼汗马”[①]，就可以横冲直撞，进迫大梁，还没有根据地大话说：“我是周朝宿将，和世宗义同兄弟一般，开封禁卫军都是我的旧人，必将倒戈归来。”真正是白昼做梦。

这样骄傲自满，恃勇无谋，驱使他陷入战略错误，结果一败涂地。至于李重进本人，算得上一个著名的吝啬鬼，对待部下“刻薄寡恩”，据说“未尝有觞酒豆肉及其士卒”，以致“下多怨者”。赵普说他“凭恃长淮，缮修孤垒，无诸葛诞之恩信，士卒离心；有袁本初之强梁，计谋不用。外绝救援，内乏资粮，急攻亦取，缓攻亦取”[②]。说明这两个反宋集团的首领，都是那样庸碌无能，他们想违反历史发展的方向，要将局势逆转回复到割据混战的统治。他们是那样的不得人心，没有群众支持，焉得不遭到失败？

① 儋珪，人名；泼汗，马名。

② 《续资治通鉴长编》卷一。

取得统一战争的胜利

“先南后北”策略

后周残余势力基本铲除，赵宋政权内部更加巩固，进一步的发展，恢复全国统一问题，便提到日程上来了。

其实这个问题，匡胤早已经过详细考虑。刚刚登上皇帝宝座，他就曾对赵普说过：“吾睡不能着，一榻之外，皆他人家也。”[①] 但是，统一应从何处着手呢？这个问题，后周时代的王朴，就曾经试作过解答。当时柴荣因为“自唐、晋以来，吴、蜀、幽、并皆阻声教，未能混一”，便命近臣各撰著策谕。于是大臣王朴献策，建议统一的步骤，他说：“凡攻取之道，必先其易者。”如果先取南唐，“得江南，则岭南巴蜀，可传檄而定。南方既定，则燕地必望风内附；若其不至，移兵攻之，席卷可平矣。惟河东必死之寇，不可以恩信诱，当以强兵制之。然彼自高平之败，力竭气沮，必未能为边患，宜且以为后图”[②]。王朴这个计划，虽未全部实现，但柴荣根据了它来攻取淮南，却已成为众所共知的事实。匡胤平素服膺王朴的才学，即帝位后，曾不止一次地叹息道：“怎能再得王朴作宰相？”[③] 当他制定统一规划时，这个著名的策略，自然给他带来极大影响。

同时，五代以来，中原地区社会经济遭受战争剧烈破坏，依靠南方的物质财富，才可以弥补财政的困乏，作为恢复全国统一的前提条件。此外，实行“先南后北”的策略，还可以避免来自北方的契丹干涉。所以匡

① 《续资治通鉴长编》卷九。

② 《资治通鉴》卷二百九十二《后周纪》。

③ 王巩《闻见近录》。又《默记》卷上说：“周世宗于禁中作功臣阁，画当时大臣如李谷、郑仁诲与朴之属。太祖即位，一日过功臣阁，风开半门，正与朴像相对。太祖望见，却立耸然，整御袍襟领，磬折鞠躬，顶礼乃过。左右曰：‘陛下贵为天子，彼前朝之臣，礼何过也？’太祖以手指御袍云：‘此人若在，朕不得此袍着。’其敬畏如此。”

胤对他弟弟光义（即匡义）说："中国自五代已来，兵连祸结，帑藏空虚，必先取巴蜀，次及广南、江南，即国用富饶矣。河东与契丹接境，若取之则契丹之患，我当之也。姑存之以为我屏翰，俟我富实则取之。"[①] 匡胤后来进行的统一战争，大体上是按照了这个计划的。

① 《东都事略》卷二十三《孟昶传》论。

合并荆湖

在割据各国中，首先被合并的，是高姓军阀盘踞的荆南。这次出兵，匡胤效法了春秋晋师假道灭虞的故智。过程是这样的：

建隆三年（公元962年）九月，割据湖南的武平节度使周行逢病危，临终前召将校们“托孤”道：“我部内凶狠的都被杀光，只有张文表在。我死后文表必乱，你们扶助我儿，好好地保持疆土，必要时宁愿举族归朝，也不使它陷入虎口。”① 行逢死后，十一岁的儿子保权袭位，张文表闻知大怒道：“我和行逢一起，由微贱起家的，怎能北面向这小子称臣呢？”② 正值保权遣兵更戍永州（今湖南零陵③），路过衡阳，文表得到这个机会，劫夺了这支队伍，用来发动兵变。军士们身穿缟素，伪装奔丧武陵（今湖南常德）。路经潭州（今湖南长沙），潭州的知留后廖简，素来轻视文表，丝毫不设防备。正在大宴宾客的当儿，据报文表兵至，廖简满不在乎，对着四座宾客，无耻地大言道：“这个黄口小儿，一到便可成擒，怕他什么？”依然大吃大喝。文表进得城来，率兵直入府内，这时廖简已喝得酩酊大醉，不能执起弓箭来抵御，只有箕踞大骂，和座客十多人同时被杀，于是文表便占了潭州。

在这以前，赵匡胤曾派卢怀忠出使荆南，探听虚实动静。怀忠出使回京，报告匡胤说：“高继冲甲兵虽整，而控弦不过三万，年谷虽登，而民困于暴敛。南通长沙，东据建康，西迫巴蜀，北奉朝廷，观其形势，盖日不暇给，攻之易耳。”及至张文表占领潭州，周保全一面命杨师璠出兵，一面遣使向北宋求救。请援的使者来至汴京，匡胤就对宰相范质说：“江

① 《宋史》卷四百八十三《湖南周氏世家》。

② 《续资治通鉴长编》卷三。

③ 湖南零陵，现为湖南省永州市零陵区。——编者注

明人刘俊所绘《雪夜访普图》。对于统一天下的战略，赵匡胤曾想先灭北汉，然后再挥师南下。在一个雪夜里，他约上弟弟赵光义，拜访赵普，讨论天下方略。赵普始终坚持后周时王朴所提出的“先南后北”之策，此后宋朝统一全国，大体按照这个计划。

陵这个四分五裂的国家，我现在借路出兵，顺便把它拿下，没有不成功的道理。”这样就定下了这条“一箭双雕”的计策。

宋朝的“援军”由慕容延钊、李处耘率领，于乾德元年（公元963年）正月出发。临行前，匡胤向处耘面授方略，又令荆南也发水军三千助攻潭州。宋军还未进入湖南，杨师播已经攻陷潭州，杀张文表。处耘等领兵到了襄州（今湖北襄阳），先派丁德裕向荆南借路。荆南节度使高继冲，虽然袭居了世职，却昏庸不理政事，一切交托给僚属。这时，主战将领李景威，力倡拒战，要求“假兵三千，于荆门中道险隘处设伏，候其夜行，发伏攻其上将，王师必自退却，回军收张文表，以献于朝廷”。然而高氏的集团成员，多半只图保持自己的财富和地位，纷纷劝说继冲投降。有的人也看到了统一是大势所趋，反抗将是无济于事，也劝他放弃抵抗的意图，例如孙光宪就是这样说的：“周世宗时，已有统一中国的意愿，宋朝建立措置的规模更加远大，伐张文表，也不过是以山压卵。湖湘既平，哪有借了路就走的？不如早把疆土归朝廷，罢斥堠、封府库来等待，这样荆楚可以免祸，而公亦不失富贵。”继冲本来怯懦，一听这话，也想不出别的主意，便只好采取这条路径。[①]

李处耘行军至荆门（在今湖北），出现在宋军营前的，不是埋伏的精兵，而是犒师的牛酒。奉使军前的是继冲叔父保寅，还有军校梁延嗣。此行主要的任务，是侦察宋军的动向。处耘很好地款待他们，还留他们在军营里住宿。延嗣大喜过望，以为宋军别无他意，便遣使飞报江陵（今湖北[②]）。这晚，慕容延钊摆设筵席，邀请保寅等同饮。李处耘却暗中带领数千轻骑，倍道前进，向江陵进发。荆门距离江陵，路程共一百多里。继冲正在等候保寅消息，忽报宋军突至，迫不得已，怀着惶怖的心情，出城迎接。在江陵城北十五里处，和处耘大军相遇。处耘向他作揖行礼，令他在城外等候慕容延钊，自己领着骑兵从北门入城。等到继冲、延钊入城，宋兵已经分据冲要，布列街巷。继冲大惧，只得向延钊交纳牌印，遣客将王昭济等奉表出使，献纳所辖三州十七县领土。[③]

宋兵既占领荆南，便加紧调发江陵兵卒，昼夜不停向湖南进发。周保权在朗州（即武陵），感到异常惊恐。他召集左右僚属商量对策，有的主张投降，牙校张从富却极力主战。慕容延钊令丁德裕先行安抚，德裕等便到了城下，从富拒绝不纳。和这同时，朗州防御工作在紧张地进行着，到处拆桥沉船，伐树塞路。德裕没有奉令，不敢贸然开战，只得暂时撤退。匡胤使人告朗州将校说："应你们的请求，才发大军相助。现在妖孽既灭，你们反拒王师，这是什么道理？可不要自取涂炭，连累百姓受苦！"[④] 朗州的态度很坚决，宋军便只有诉诸武力。

李处耘一面出兵朗州，一面遣武怀节分兵进取岳州（今湖南岳阳）。乾德元年二月末，怀节在三江口（岳阳之北）大捷，跟着就占领岳州。三月，处耘一军进抵澧江，和张从富等遭遇于澧州（今湖南津市西）之南。尚未交锋，从富兵士望风而溃，宋兵追赶至敖山寨，守兵见他们赶到，弃寨逃遁，因此俘获很多。这时，北宋统治集团的兽性勃发，残暴的李处耘，竟选择几十个身体肥胖的俘虏，杀来强迫左右啖食。故意将一部分少壮俘虏，脸刺上字，释放他们逃回朗州。处耘的做法，虽说旨在促进统一

---

① 以上叙述，根据《宋史》卷四百八十三《湖南周氏世家》、《续资治通鉴长编》卷四。

② 湖北江陵，现为湖北省荆州市。——编者注

③ 本段叙述，主要根据《宋史》卷二百五十七《李处耘传》。

④《宋史》卷四百八十三《湖南周氏世家》。

的实现，但这种残忍的暴行，大大地违背了人道主义精神，是人民所不能饶恕的。俘虏们从死里逃生，带来这个恐怖的消息，辗转相传，很快就引起全城骚动。怕被屠宰的兵士们，成群结队，纵火焚城，驱略居民，奔窜山谷。于是宋军长驱直入，进驻州城。张从富逃至西山下，为宋军俘获斩首。周保权被部将汪端拥着，全家躲在江南僧寺里面，直至宋将田守奇前来搜捕，汪端才撇下保权，独自率兵逃走。保权被俘，而汪端这支残余力量，仍然继续拒抗，但最后还是被宋军消灭了。①

① 本段叙述，根据《续资治通鉴长编》卷四。

灭亡西蜀

荆湖的合并，使北宋统治者的势力，伸入长江以南，打开一条夹缝，左顾南唐，右盼西蜀，南通南汉。从战略地位来看，对统一的发展更为有利了。在这段地带的西边，是古来号称“天府”的西蜀，这里经济上素来繁荣，财富充裕，在南方各国中，算得上是个数一数二的大国。国王孟昶袭位已久，生活堕落腐化，大臣王昭远把持国政，总理内外兵柄。昭远为人粗疏寡谋，做事很不踏实，对于军事知识，懂得极少。宋军攻下荆湖，西蜀便感到威胁。宰相李昊劝孟昶和宋通职贡，来保持割据现状，但被王昭远极力阻止。昭远又在峡区驻屯士兵，大力扩充水军。匡胤对统一主张，本来有“先取巴蜀”一说，事前他曾用张晖做凤州团练使，暗中命他侦查两川地形和后蜀的虚实。现在，侦知蜀国积极备战，更促使这个主张迅速实现。

不久，有人说王昭远道：“我公平素没有什么功业，今天做了高官，不谋建立大功，怎样对付舆论？不如遣使通好山西，劝他们发兵南下，我军自黄花子午谷出兵响应，使中原表里受敌，这样关右地区，可归我有。”不顾当时人民意愿、只想巩固个人权位的王昭远，听了这番大话，就妄想发动阻挠统一的战争，来保持分裂割据的局面。庸懦的统治者孟昶，就派出孙遇等人做特使，带着“蜡丸帛书”偷越宋境，真的企图勾结北汉。孙遇等一行来至汴京，内部忽而生变，一个名唤赵彦韬的，私自藏起书信，转过来献给赵匡胤。帛书写的是：“早岁曾奉尺书，远达睿听，丹素备陈于翰墨，欢盟已保于金兰；洎传吊伐之嘉音，实动辅车之喜色。寻于褒汉，添驻师徒，只待灵旗之济河，便遣前锋以出境。”这分明是一封西蜀密通北汉的信件，匡胤读毕，觉得从此讨伐西蜀，有了政治上的理由和确切的证据，不禁大笑道：“我的西讨有了名义了。”

清人冷枚所绘《孟昶画眉图》。蜀后主孟昶（919—965），后蜀末代皇帝。在位前期，励精图治，开疆拓土，文化繁荣，后蜀也成为当时最富有的政权；后期国政日怠，终为宋朝所灭。

乾德二年（公元 964 年）十一月，匡胤下令攻蜀。分两路出兵，一路由大将王全斌、崔彦进等，带步骑兵三万出凤州（今陕西凤县），从陕西南下。一路由刘光义、曹彬等，带步骑兵二万出归州（今湖北秭归），溯江西上。又令留在汴京的孙遇等，指陈山川形势、戍守处所、道里远近，绘画成图，交给全斌，当面指受攻战方略。临行前，在崇德殿的饯别宴会上，匡胤对全斌说："凡攻克城寨，只登记器甲刍粮，把钱帛都分给战士。我想得的不过土地罢了。"这种分赃政策，刺激起入蜀官兵无止的贪欲，鼓励他们占有钱帛，成为后来在蜀大肆掠夺的张本。在京的皇家建筑机构，已经在右掖门南汴水之滨，替孟昶盖起一家住宅，等待着未来主人的来临。房屋大小五百多间，供帐什物一应俱全。

孟昶听说北兵南来，就用王昭远做北面行营都统、赵彦福做都监拒战。他还对昭远说："北军是你招来的，应当勉力为朕立功！"王昭远呢？平日读过几本兵书，就以为很了不起，把杀敌立功，看作非常容易。大军自成都出发，孟昶派李昊往郊外践行。饮了几杯酒，昭远便夸口说："我此行何止克敌？领着这二三万雕面恶小儿，取中原易如反掌罢了。"只见他手执铁如意，指挥军事，自比诸葛亮复生，得意洋洋，出发前方去了。

十二月，宋军攻取兴州（今陕西略阳），又在西县（今陕西沔县[①]西）打了一场胜仗。西县本是入川的咽喉，控扼栈道的门户，蜀国从兴州溃退的兵士，和韩保正由山南边寨撤退的队伍，都集中这里，想阻止宋军南进。但是，宋军在连下二十余寨之后，先锋史延德领兵直迫县城。保正怯惧不敢出战，只有遣兵数万，依山背城，结阵自固。延德领军进击，蜀兵大败，韩保正、李进等将领被俘，残余的蜀军烧绝栈道，退保葭萌（今四川昭化[②]南）。全斌大军一面修筑栈道，一面绕道入蜀，会攻大漫天寨。蜀国使用了精锐的主力，投入这场战斗。宋兵分着三路进攻，蜀兵大败溃退。王昭远亲自引军迎战，结果三战三败，狼狈逃遁。渡桔柏津（昭化东北）时，便把浮桥焚毁，退保剑门。和这同时，东路宋军在刘光义、曹彬指挥下，攻陷夔州（今四川奉节[③]）。事前后蜀在夔州锁江，架搭浮桥，上设敌棚三重，夹江列置炮具，守备森严。刘光义临出发前，赵匡胤拿出一幅地图，指着锁江处对光义说："溯江到这里，切莫用舟师争胜，先派步骑兵偷袭，等他一退却，使用战船夹攻，可必取胜。"

光义按照这个计划，距离锁江三十里，就舍舟登陆，先夺浮桥，然后引舟而上。到了夔州，守将高彦俦主张坚壁扼守，监军武守谦力主出战，结果守谦单独领兵千余出城，和宋将张廷翰等战于猪头铺。守谦败走，宋军乘胜登城，彦俦力战不胜，身上受伤十多处，左右都溃散去，彦俦奔回家，纵火自焚死。

在成都，孟昶听到王昭远溃败，心里非常恐惧，便尽量多出金帛，广募兵士，命他儿子元喆做元帅，带甲士万余，前往剑门增防。元喆素来不知兵事，副将以下都庸懦无见识。军队里面，旗用彩色刺绣，杆上缠绕蜀锦。出发时天降微雨，元喆怕绣旗沾湿，下令暂时卸除，等到雨过天晴，众军把旗帜系上，一不小心，几千面绣旗，全部倒挂旗杆上，闹了一个大笑话。离开成都时，元喆军中，带着成群姬妾，几十个伶人，还有许多乐器。看见的人，无不暗觉好笑。元喆并不感到惭愧，反而日日夜夜在营中享乐嬉戏，一点也不理军务。

---

① 陕西沔县，现为陕西省汉中市勉县。——编者注

② 四川昭化，现为四川省广元市昭化区。——编者注

③ 四川奉节，现为重庆市奉节县。——编者注

明人唐伯虎所绘《孟蜀宫妓》。画中的宫妓正劝酒作乐，神态举止生动传神，人物衣饰线条流畅，设色浓艳，借此讽喻披露了孟昶的糜烂生活。

三年（公元965年）正月，宋军进攻益光（今四川昭化①），将入剑门，王全斌召集一次军前会议，商讨作战计划。他对众将说："剑门天险，古称'一夫荷戈，万夫莫当'。请大家各陈进取策略。"侍卫军头向韬建议："听降卒牟进说，'益光江东越过几重大山，有条狭径叫来苏，蜀人在江西置栅，从对岸渡过，出剑门南二十里，至青疆店和官道会合'。大军如走这条路，剑门之险，是不足恃的。"全斌听见大喜，就要全军取道来苏。大将康彦泽说："蜀人数战数败，已经泄了气，可急攻而下。且来苏狭径，主帅不宜自行，只可遣一偏将前往。到了青疆，北和大军夹攻剑门，昭远等必可成擒。"全斌一听言之有理，决定依计而行。宋人分兵进攻剑门，来苏一路，由史延德率领，依原定计划，抵达目的地。就在江上架搭临时浮桥，兵士源源开往西岸。蜀兵出其不意，仓促间不能应付，纷纷弃寨而逃，宋军顺利到达青疆。

王昭远闻道宋军来攻，只留偏将把守剑门，自己引兵逃往汉源坡（今四川剑阁东）。未曾到达汉源，宋军已经攻克剑门，吓得昭远手足无措，股栗失次。赵崇韬等宋军赶到，跃身上马，布阵迎战，而王昭远却慌作一团，坐在胡床上，许久站不起来。崇韬抵抗失败，但还杀了几个人，才被俘虏。昭远却免胄弃甲，只身逃至东川（今四川三台），躲藏在百姓仓舍，整天悲嗟流涕，哭到双目红肿，自叹是"运去英雄不自由"。没有几天，也被追骑搜索到，押往开封去了。

赵宋的东路大军，一路没有激战，攻克万（今四川万县②）、施（今湖

---

① 四川昭化，现为四川省广元市昭化区。——编者注

② 四川万县，现为重庆市万州区。——编者注

北恩施)、开（今四川开县[①]）、忠（今四川忠县[②]）等州，峡中郡县跟着被占领，遂州（今四川遂宁）知州陈愈献城投降。两路大军，直指成都。孟玄喆行至绵州（今四川绵阳），听得剑门兵败，急忙也遁往东川，经过的地方，焚掠房屋和仓库。在东川待了一天，急忙弃军西走，逃回成都去了。失败的消息，接二连三传至蜀都，孟昶惊惶无主，只得和左右商议。老将石頵回答道："东兵远来，不能持久，可聚兵坚守困敝他。"蜀主叹道："我父子拿丰衣美食，养兵四十年，一旦遇敌，不能为我向东放一箭，今日闭壁坚守，有谁肯效死呢?"宰相李昊乘机劝昶封府库请降，孟昶没法只得依了，就由昊草写降表，送至汉州（今四川广汉）军前。王全斌接受了，并将军队开入成都。过了几日，刘光义一军也来到了，宋军自出兵至受降，总共才六十六日。[③]

① 四川开县，现为重庆市开县。——编者注

② 四川忠县，现为重庆市忠县。——编者注

③ 以上叙述，主要根据《续资治通鉴长编》卷五、卷六，参考吴任臣《十国春秋》卷九十四《蜀后主本纪》。

远征太原

北汉在割据各国中，素称强悍。周世宗虽然奏捷于高平，然而始终未能打垮北汉统治，忻口（今山西忻县[1]北）之役，折了宿将史彦超，军心扰乱，被迫班师。宋初虽有泽潞之捷，但在汾州（今山西汾阳）攻城战中，损失了骁将荆罕儒，匡胤为这事十分生气，连斩了二十多员部将。可见当刘崇、刘钧统治时期，北汉国力较盛，中原屡次进攻，都无功而返。加上北汉的统治集团，和契丹统治贵族之间，一直彼此相互勾结。要想消灭这个政权，自然感到非常棘手。匡胤和赵普等商议统一步骤时，就曾对这种情况加以估计，一致认为："太原当西、北二边，使一举而下，则边患我独当之。何不姑留以俟削平诸国？彼弹丸黑子之地，将何所逃？"[2] 因此他们决定采用"先南后北"的策略。

乾德元年，匡胤曾发动过外交攻势，派遣一个名唤盖留的人，出使北汉，对刘钧说："你们自和周室有仇，不干我事。为什么死心不变，要使人民受祸呢？契丹是靠不住的，如果一定要争中原，就请到怀洛川来，决一胜负。"刘钧回答道："感谢你的来意，我们只想保住汉氏宗祀，而土地兵马，都不及你们十分之一，不敢深入。如果要决胜负，请你们过团柏谷来！"[3] 双方辞令，针锋相对，斗争的尖锐，从字里行间，隐约可见。这次交涉，匡胤是碰了一个钉子的；但是封建统治阶级的御用历史家却说："太祖哀其言，笑谓谍者曰：'为我语钧，开尔一生路。'故终其世不加兵焉。"[4] 这完全是一种掩饰之辞，其实匡胤最后表示屈服所说"存之何害"，

---

① 山西忻县，现为山西省忻州市忻府区。——编者注

② 《续资治通鉴长编》卷九。

③ 同上，注引《十国纪年》。

④ 《宋史》卷四百八十二《北汉刘氏世家》。

正因为他有不得不“存之”的苦衷的。

西川平定后，匡胤掌握了这个富庶的地区，扩大了占领区的物质财富，他的注意力又转向北方，对他的“先南后北”策略，做了局部修改。上述的一番交涉，说明匡胤在统一过程中，随时都在注视着北方的动态，没有放松可以解决问题的机会。这时北汉方面，从李筠失败以后，随时有遭到北宋袭击的可能。虽然还有契丹统治贵族作为后盾，但当耶律述律（辽穆宗）统治时期，契丹国内矛盾很多，加上契丹统治贵族对北汉的残酷剥削，激起两国之间矛盾日益表面化。就在盖留出使北汉那一年，志在更多索取贡赋的述律，致书刘钧谴责他三大“罪状”：一、不该擅改年号；二、不该擅助李筠；三、不该擅杀段常。刘钧十分恐惧，只得遣使重币，前往“谢罪”。使者到了契丹，却被统治者拘留起来，述律也不派使前来回聘。以后一再送贿，都遭到同等待遇。北汉国小地狭，不可能满足契丹贵族的无厌之求，每年缴纳贡赋的结果，国家财政陷于枯竭，统治者加强对人民搜括，又激化了内部的阶级矛盾。这就是灭蜀前后的北方大局。[①]

开宝元年（公元968年）刘钧死，因为没有儿子，由养子继恩承袭。继恩生得矮小，腹大多须，庸懦无能，不懂政治。刘钧生前说过：“继恩巽软，非济世材，恐不能了我家事。”[②] 果然在他统治以后，和宰相郭无为有矛盾，又杀死养弟刘继忠。趁着北汉内部风雨飘摇，政权极不稳定的好机会，赵匡胤改变了他的策略，先对北汉发动攻势。在刘钧死后第二个月，即这一年的八月，遣大将李继勋、

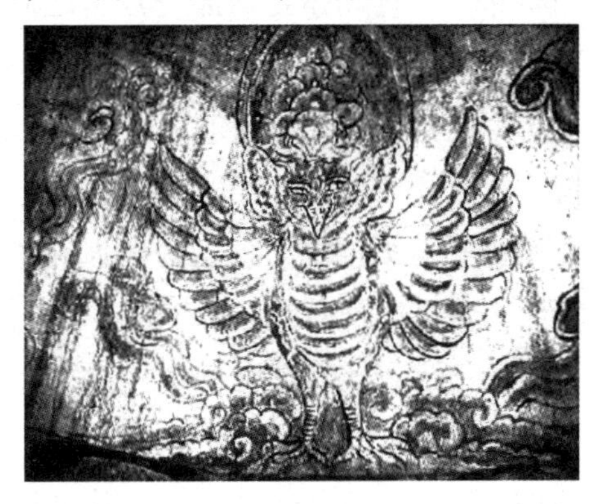

位于山西省太原市的北汉古墓中的朱雀壁画，墓主是北汉末代皇帝刘继元的太惠妃。

① 本段叙述，根据《续资治通鉴长编》卷四。同书载契丹给刘钧书信内容略说：“尔先人穷来归我，我先兄天授皇帝待以骨肉，洎余继统，益修前好。尔父即世，我用命尔即位柩前，丹青之约，我无所负。尔父据有汾州七年，止称乾祐，尔不尊先志，辄肆改更。李筠包藏祸心，舍大就小，无所顾虑，姑为觊觎，轩然举兵，曾不我告。段常尔父故吏，本无大恶，一旦诬害，诛及妻子，妇言是听，非尔而谁？我务敦大义，曲容瑕垢，父子之道，所不忍渝尔宜率德改行，无自贻伊戚也。”

② 陈邦瞻《宋史纪事本末》卷二。

党进等率军北征，北汉用刘继业、马峰等扼守团柏谷（今山西祁县东南），在洞涡河与宋军遭遇，战斗的结果，汉军大败，宋人乘胜夺取汾河桥，直薄太原城下，纵火焚烧延夏门。到了九月，北汉忽起政变，郭无为杀死刘继恩，拥立继恩的同母弟继元，而继续把持国政。继元上表契丹，诱它入寇。契丹国主命挞烈做兵马总管，带诸道兵来侵。匡胤一面进兵，一面用官爵来收买继元与无为。继元是拒绝了，无为却正为匡胤给他安国节度使而暗喜，从此起了归宋的念头。十一月，李继勋听闻契丹侵略者快到，没有勇气和契丹抵抗，就从北汉国境撤退，北汉乘机大掠晋（今山西临汾）、绛（今山西新绛）二州。[①]

匡胤见李继勋等出师无功，明年二月，便亲征太原。事前，他曾征求过大臣魏仁浦的意见："朕想亲征太原怎样？"仁浦回答他说："欲速不达，望陛下慎重些。"[②] 当时的大官僚，多数害怕引起契丹侵略，不赞成先打北汉，仁浦也是其中的一个。但因匡胤意志坚决，仁浦等的意见，却没有动摇他统一北方的雄心。先头部队李继勋军，已经开往太原；防御契丹的韩重赟军，又直趋镇定。部署停当之后，匡胤便从京师出发。经过滑、相（今河南安阳）、磁（今河北磁县）等州城，进入潞州。这时，北汉使刘继业等屯兵团柏谷，挡住宋军去路。李继勋前军入境，汉将陈廷山首先投降，继业寡不敌众，也领兵退回太原。刘继元大怒，罢免继业兵柄，李继勋乘机进至太原城下。这边匡胤在潞州，遇着天雨，逗留了十八日。一天，军营里捕获一名间谍，由匡胤亲自审讯，间谍却对匡胤说："城中人民罹毒已久，日夜盼望车驾，只恨来得太迟罢了。"一顿话恭维得匡胤笑逐颜开，不但没有将他治罪，反而赏了一些衣服，将他释放回去。间谍所说的话，也不是没有根据的，因为割据地区的人民，饱受统治阶级的掠夺，渴望统一的心理，是异常迫切的。

三月，从潞州路过南关，匡胤接前方战报说，太原城下宋军大捷，斩首千余级。过不到几天，匡胤的亲征军也来至太原，大规模的攻城展开了。匡胤到城南观察，决定建筑长连城围攻，征调太原各县民夫，几万人集中城下。城的四周，都树立了营寨，李继勋一军驻城南，赵赞一军驻城

---

① 本段叙述，根据《续资治通鉴长编》卷九。
② 《宋史》卷二百四十九本传。

西，曹彬一军驻城北，党进一军驻城东。北汉曾一再突门偷袭，都没有得手；而城内防守也很牢固，急切间不能攻陷。有人向匡胤建议增兵，熟知水利的陈承昭，却建议挖掘汾水，引洪灌入太原城。他说：“陛下左右自有几千万兵，何以不利用?”匡胤为了达到自己的统治目的，便顾不得人民的生命安全和财产，竟采取了陈承昭的意见，要他督率兵夫决堤引水。同时又决开晋祠水，增长灌城水势。[①] 匡胤露臂赤脚，也不裹头，手执利刃，坐在黄盖下面，亲自监督。虽然一时石矢交加，像雨点般密集，但他为了攻城略地，也就顾不得冒着生命的危险了。[②]

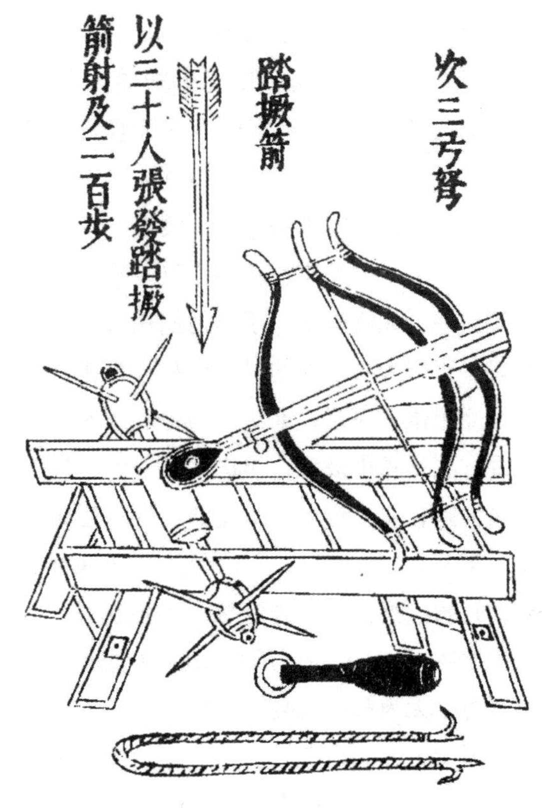

宋朝军队使用的弩（摘自《武经总要》）

四月，契丹果然分两路入侵：一路入寇石岭关（今山西阳曲东北），一路入寇定州（仅河北定县[③]）。驻屯石岭关的何继筠，曾经奉命来太原和匡胤相见，匡胤面授方略，拨给精骑数千，命他带往前方拒敌。时当天气盛暑，匡胤命太官赐麻酱粉，继筠吃罢，返回前线，和契丹大军会战于阳曲县北，把他们杀得大败。驻屯镇定的韩重赟，结阵在嘉山等候，契丹侵至山前，望见漫山旗帜，引起了恐慌，正想逃遁时，重赟急忙出击，也获得大捷。外援都被割断，只有城内守兵，还在顽强对抗。汾水汹涌的洪流，被引导灌入城中，城内城外，淹没成为一片汪洋。宋军乘坐小舟，手

---

① 以上叙述，根据《续资治通鉴长编》卷十。

② 蔡絛《铁围山丛谈》卷二。

③ 河北定县，现为河北省定州市。——编者注

执强弩，想尽各种办法攻城，然而北汉军队，还是一味顽抗着，等待契丹“援兵”。恰巧契丹派了使者韩知璠，来册立刘继元做皇帝，也被围困城内。知璠颇知兵事，生怕继元力屈投降，昼夜亲自监督，乘城固守。北宋骁将王廷乂、石汉卿等，都被守城汉军射死，损失很严重。

闰五月，宋军围城愈急，洪水自延夏门流入，穿越外城两重，一时秩序大乱，苦了的是满城百姓。汉军沿着城墙，想临时增筑堤障，却被宋军强弩射住，无法施工。于是他们用大批草料，暗中将水口堵塞，水患暂时减轻。正当人心惶惶的时候，早存投宋之心的郭无为，劝继元投降，但又被继元拒绝。在这以前，无为曾和宋军一再勾结。一次，匡胤使间谍惠璘诈降，惠璘私逃被获，械送太原。无为包庇惠璘，竟私自将他释放；又恐真情泄露，将一个名唤李超的北汉军官杀死，意图灭口。又有一次在围城中，继元和左右宴会，无为忽然失声痛哭，走到庭前拔刀自刎。继元急忙上前拦阻，搀扶他回到座位。无为还说：“为什么要拿一个孤城来抵抗百万大军呢?”一方面想用死来胁迫继元投降，一方面想借此动摇人心。太原危急，无为利用机会，总想出奔。一次自请夜间出击，继元允诺，并拣选精甲千人，亲自登延夏门相送。不料出了城门，天色大变，风雨晦冥，无为行至北桥，便和众将相失，只得带着几十人，一同返回城内。现在，这些事实，都被宦官卫贵德揭发了，继元就把无为杀掉，谣言逐渐息灭，人心才稍趋安定。

自从镇压李重进的反抗，匡胤许久不曾亲征，这次北来，一来面临一个劲敌，二来抱着一个必胜的雄心。意外的是，太原坚守了一百多天，依然没有攻破。相反的，宋军在攻城战中，损失很重，骁将李怀忠中箭受伤，几乎送了性命。匡胤最精锐的亲兵殿前诸班，叩头请愿，要求“先登急击以尽死力”。但是匡胤不敢作“孤注一掷”打算，却宁愿保持自己实力。他说：“你们都是我训练出来，无不以一当百，正是为了防止内变休戚相关的。我宁愿不得太原，难道忍心驱使你们冒险踏入必死之地么?”可以看出当时赵匡胤也失掉了必胜的信心。战争屡次失利，是匡胤决定从太原撤退的主要原因。外加天气炎热，淫雨连绵，大军营寨，又驻在甘草地上，士兵不服水土，多患肚泻；而契丹侵略军，正在陆续南下。太常博士李光赞乘机上言：

陛下应天顺人，体元御极，战无不胜，谋无不臧，四方恃险之邦，僭窃帝王之号者，昔与中国为邻，今与陛下为臣矣。蕞尔晋阳，岂须亲讨？重劳飞挽，取怨黔黎，得之未足为多，失之未足为辱。……《传》曰：‘邻之厚，君之薄也。’岂若回銮复都，屯兵上党，使夏取其麦，秋取其禾，既宽力役之征，便是荡平之策，惟陛下裁之！况时属炎蒸，候当暑雨，倘或河津泛滥，道路阻难，辇运稽迟，恐劳宸虑。

这番议论，表面说得冠冕堂皇，但是所透露出来的征役频兴，交通隔阂，军事上没有战胜把握，才是问题的实质所在，又暗暗道着匡胤心理，所以他听了之后，立即表示欢迎。

同时献策的又有薛化光，他上书道：

凡伐木先去枝叶，后取根柢。今河东外有契丹之助，内有人户赋输，窃恐岁月间未能下。宜于太原北石岭山，及河北界西山东静阳村、乐平镇、黄泽关、百井社各建城寨，扼契丹援兵。起其部内人户，于西京、襄、邓、唐、汝州给闲田使自耕种，绝其供馈，如此不数年间，自可平定。

他的主张，和李光赞的“薄邻”政策，精神是一致的。因此匡胤接纳了他们的建议，将太原人民万多家，追迁到山东、河南居住。① 同时又将忻（今山西忻县②）、代（今代县）人民，尽都迁徙到内地，以防契丹的内侵。③ 北汉的削弱，可以说是从这时开始。宋军刚自太原开拔，北汉立即派了追兵出击，几百个宋军，陷入了包围。匡胤忙派孔守正骑兵，前往解围；经过一番奋战，才将他们抢救出来。宋军沿途遗弃辎重粮食，显出狼狈的样子。事后统计，北汉俘到的粮食三十万斛，茶、绢各几万匹，截获胜利品之多，连宋人也不得不承认说，北汉“丧败罄竭，赖此少济”。

继元经过此战，国内元气也大为损伤。这时他们和契丹的矛盾虽然转

① 以上叙述，主要根据《续资治通鉴长编》卷十。

② 山西忻县，现为山西省忻州市忻府区。——编者注

③ 《铁围山丛谈》卷二。

趋缓和，而且所开发的团柏谷银矿，也增加了它的财富收入。但因上层统治集团，生活日渐走向腐朽。继元自己内宠很多，沉湎声色。太师兼中书令刘继颙，本来是五台山和尚，他献给继元几百副簪珥首饰，因贿赂而坐致高官，政治的腐败，自然可以想象。继元又格外残暴，刘崇的儿子刘镐、刘锴等，都被幽囚至死。“臣下有忤意，必族其家，其被杀伤者，自故相张昭敏以下，不可胜纪。”① 在黑暗的统治下，人民生活恶化，阶级矛盾尖锐，北汉的国势更加削弱。开宝九年（公元976年）八月，赵匡胤已经统一江南，便策划第三次进攻北汉的军事。匡胤亲自部署，分兵五路入北汉界：一军由郝崇信、王政忠率领出汾州，一军由阎彦进、齐超等率领出沁州（今山西沁源），一军由孙晏宣、安守忠率领出辽州（今山西左权），一军由齐廷琛、穆彦璋率领出石州（今山西离石②），一军由侯美、郭进率领出忻代。九月，各路军不断报捷，继元又向契丹勾结。遇着匡胤在这年十月逝世，赵光义以亲弟继承皇位，皇权亟有待于巩固。这时契丹统治者，又派耶律沙等侵略中国，前线各军遇到更大困难，光义便下令撤回诸军，进攻北汉军事，又一次遭受挫折。

① 《十国春秋》卷一百五《北汉英武帝本纪》。

② 山西离石，现为山西省吕梁市离石区。——编者注

统一岭南

第一、二次远征北汉失败后，匡胤只得回过头来，继续南进。这时割据各国中，南汉的统治者刘鋹，对人民的封建压迫最甚。这个集团的腐朽昏庸，已经达到无可复加地步。宦官龚澄枢、陈延寿，才人卢琼仙等专政，刘鋹天天在和宫人波斯女淫戏，作烧煮、剥剔、刀山、剑树等酷刑，或者强迫“罪人”和虎象决斗，来残暴迫害人民。“中官陈延寿作诸淫巧，动糜斗金。离宫数十，帝不时游幸，常至月余或旬日。”[1] 宫廷用度这样浪费，赋敛的抽剥愈加严重，这个政权，早已为人民所切齿痛恨。刘鋹没有正视他这种危机，反而想侵占更多的土地，来扩充自己的财富。他一度想攻下潭州，但为宋将潘美一军战败，跟着在南汉占领下的郴州（今湖南郴县[2]），也被潘美所攻陷。这时后蜀的割据势力还在，匡胤的打算，在于先入西川，还没有用兵南汉的准备，所以战争就停留在一定的阶段。等到开宝三年（公元970年），南汉又侵道州（今湖南道县），州刺史王继勋上言：“鋹为政昏暴，民被其毒，请讨之!”统一岭南，本来是时间问题罢了；这么一来，更促使匡胤的出兵，得到提早实现。

这年九月，宋军进攻南汉，用潘美、尹崇珂等做统帅，从湖南领兵越过五岭，攻克富州（今广西昭平），进攻贺州（今广西贺县[3]东南）。守贺州的南汉刺史陈守忠，派人向刘鋹告急，小朝廷的君臣们，一时非常震动。刘鋹命龚澄枢赶往贺州，宣慰前方将士。贺州兵士久戍边区，正患穷苦劳碌，闻说澄枢前来，人人希望赏赐。不料这位专使，只不过空着双手来到，一个个悲观失望，不肯为刘鋹白白送命。北宋前锋进抵芳林（贺县

① 《十国春秋》卷六十《南汉后主本纪》。

② 湖南郴县，现为湖南省郴州市。——编者注

③ 广西贺县，现为广西壮族自治区贺州市。——编者注

北），澄枢早已慌作一团，坐条小船逃回广州去了。宋军顺利到达贺州城下，刘鋹派伍彦柔带领援兵，望北方进发。宋军听闻彦柔将到，便后撤了二十里，在一个名叫南乡的镇上（贺县南），暗地埋伏下一支奇兵。这晚，彦柔夜泊南乡，舣舟岸侧。黎明，彦柔挟着弹弓登岸，坐在胡床上指挥行军。正在这个当儿，突然北宋伏兵齐发，彦柔部众大乱，被杀死了十分之七八。彦柔当场被俘，斩首示众。贺州守军得知，虽然不免吃惊，但还不肯投降。北宋随军转运使王明，向潘美建议，以为“当急击之，恐援兵再至，则为所乘，我师老矣”。众将还在犹豫的时候，王明已经披起甲胄，带领护送辎重兵百余，加上丁夫数千，携了畚锸等工具，挖土来填堙壕堑，直抵城门以外。城上守军望见，这才引起了恐慌，只得打开城门，向宋军纳款。

在广州南汉宫殿遗址中发现的精美地砖。砖面菱形方格内饰四只飞舞的蝴蝶，边角饰折枝牡丹，十分华丽，这是蝴蝶纹用于建筑装饰的最早实例。南汉历代皇帝的骄奢淫逸，在五代时期无人可及。

贺州陷落，潘美率领战舰，扬言要顺流而下，直驱广州。刘鋹忧心如焚，无计可出，没奈何起用罢去兵权的潘崇彻，命他将兵三万，坐镇贺江。十月，宋军攻破开建寨（今广西平乐东南），生擒汉将靳晖。昭州（今平乐）和桂州（今广西桂林）的刺史，一听宋军来攻，先后弃城逃遁，宋人不费一兵一卒，轻易占领二州。十一月，宋人又攻陷连州（今广东连县①），南汉招讨使卢收退保清远。十二月，宋军到了韶州（今广东韶关），刘鋹用李承渥做都统，领兵十多万，在莲花峰下结阵。南汉军队中拥有象队，每象乘坐十几个人，执拿兵器，每次出战，总是布列阵前。宋军遇见象队，便集合了军中的劲弩，一声号令众箭齐发。大象受惊，跳跃奔窜，掉转头来，冲向自己阵地，汉兵被践，很多受伤，骑在象背上的士兵，也都纷纷坠地。宋兵在后面赶来，南汉军于是大败。承渥仅只保存得性命，逃跑回来。韶州攻陷，广州的门

① 广东连县，现为广东省连州市。——编者注

户，从此洞开了。

震恐之余，刘鋹不得不做好保卫广州的准备。他一面调兵遣将，一面挖掘东濠以便拒守。然而，南汉一些能征惯战大将，多被听信谗言诛死，仓促之间，无将可遣。宦官刘鸾真，推荐他的养子郭崇岳，刘鋹糊里糊涂，就用他做招讨使，和植廷晓率众六万，驻屯马径（今广州北），建立营栅，来抗拒宋兵。开宝四年（公元971年）正月，宋军攻克英（今广东英德）、雄（今广东南雄）二州，驻防贺江的潘崇彻，这时也全军投降。北宋大兵开至泷头（今英德南），遇到刘鋹派来讲和的特使。这时胜利已经在望，如何能够答应停止进军的要求，允许南汉割据势力的保存呢？不用说刘鋹的请求，被潘美等所断然拒绝了。泷头附近，地形险恶，适宜于设伏。为了保证行军安全，潘美把来使拘留，做个人质，挟持着他，飞快越过这个险地。没有几天，大军来到马径，驻扎在双女山下。

郭崇岳本非将才，所部又多韶、英等州溃退兵卒，士无斗志。宋游骑几度挑战，崇岳都不敢出兵，一味坚壁自守罢了。马径离广州仅一百里，南汉已经退至最后一道防线，宋军的迫近，使南汉统治集团惊惶失措。在前线，崇岳可说是束手无策，只有日夜祷祠，“乞灵”于鬼神。在后方，刘鋹也处在和战两难的窘境下，不得已将金银珠宝、妃嫔内宠一齐装载在十多艘船上，准备远逃海外，仍旧去过快活日子。不想还未及出发，宦官乐范勾结了一千多卫兵，将船只盗走。刘鋹无奈，只得派萧漼等奉表潘美军前，最后一着，便仅有乞降一路可走了。乞降的使者去到宋军前，被潘美部送入京，刘鋹不知缘故，愈加感到惶惑，因再令郭崇岳戒严。二月，刘鋹弟弟保兴，奉命率领最后一部兵力，到前方增援。前方的将官植廷晓，是一向主战的。这时他对崇岳说：“北军乘席卷之势，锋利不可当。我们士兵虽多，但都是伤痍之余，如果不驱策而前，便只有坐受其毙。”崇岳没有办法，被迫接纳了出击的请求。

廷晓带领前锋，来到河畔，据河为阵；崇岳自领一军殿后，严防宋军的冲击。这里潘美闻知，也令众军齐出，涉水渡河，直迫汉军。廷晓极力拒战，失利战死。崇岳拨转马头，急忙率军奔回营栅。潘美亲自赶到，把南汉营寨视察了一番，便对王明说：“他们编竹作栅，遇到火烧必然混乱，我军趁着扰乱夹击，是个万全之策。”于是决定采用火攻计策。这晚，潘美打发一队丁夫，每个人手里拿着两把火炬，静悄悄地抄着小路，向南汉

营栅进发。不一会来到寨前，万炬齐发，点起无数火头，风力又猛烈，一时火光熊熊，烟埃蔽天。宋军乘势攻营，南汉军士大败，崇岳死于乱军之中，刘保兴逃回广州。这时广州的小朝廷更感万分危急。宦官龚澄枢等商议说："北军前来，想得我国珍宝罢了，如果尽焚珍宝，他们得到空城，必定不能久驻，自然就会回去。"果然刘铱就放火焚烧宫殿府库，一夜之间，将几十年来剥削的民脂民膏，化成灰烬，充分暴露统治阶级之间，掠夺财货斗争的剧烈。第二天，宋军来到白田，刘铱穿着素服，到军前迎降，宋军于是开入广州。北宋从出兵到受降，前后经过五个多月；岭南地区，从此并入北宋占领范围。①

① 以上叙述，主要根据《续资治通鉴长编》卷十一、卷十二。

平定江南

匡胤统治时代，最后吞并的国家，就是南唐。南唐当李璟统治的初期，“属中原多故，卢文进、李金全、皇甫晖之徒，皆奔于景。跨据江淮三十余州，擅鱼盐之利，即山铸钱，物力富盛”，因此很有窥觊中原的野心。[①] 到后周夺取江、淮地区后，两国领土只有一江之隔，北方的军事力量，随时威胁着江南的安全。特别因为淮南地区的丧失，使南唐的财富收入遭到减削，其中尤以海盐利润最显著。在讲和之后，李璟曾遣使陈觉向后周请求，希望能免割海陵盐监，借海盐的收入来赡养众军。柴荣却说：“海陵在江北，难以交居，当别有处分。”所谓别有处分，就是每年支给它盐三十万斛，以资救济。[②] 可见自从这次战争后，南唐的地位，已经大大削弱了。宋朝的建立，李璟更是惴惴不能自保，除了进贡称臣外，并将国都从金陵迁到南昌，直到后来死在那里。继位的李煜，据说是“恂恂大雅，美秀多文”[③]，能书能画，熟知音律，在文学方面，是有相当成就的；但在政治上，却显出庸懦无能。他迷信佛法，天天斋僧礼佛，使得政事俱废。而且生活奢侈，喜欢留意声色，周后宠嬖专房，“于采戏弈棋靡不妙绝”。柔仪殿上陈列着的器皿，像玉太古容华鼎、金凤口罂之类，都用金玉制成，璀璨夺目。[④]

这时的北宋政权，已经日渐巩固。南汉的亡国，又使南唐陷入三面受敌形势中。宋人屯兵汉阳，李煜更感威胁，因遣弟弟从善入开封，自动削去南唐国号，号称江南国主。次年，下令贬损仪制，改定官僚机构名称。

① 《宋史》卷四百七十八《南唐李氏世家》。

② 《资治通鉴》卷二百九十四《后周纪》。

③ 《十国春秋》卷十七《南唐后主本纪》论。

④ 同上，卷十八《后主昭惠国后周氏传》《继国后周氏传》。

南唐周文矩所绘《重屏会棋图》，描绘了南唐中主李璟（右三）与其三位弟弟会棋的情景。南唐曾是五代时南方诸政权中最有希望逐鹿天下者，然而在李璟时期，朝中党争不断，用人不明；对外虽然一度吞并闽、楚两国，但很快得而复失，损兵折将。最终在后周的打击下失去江北领土，国势骤衰。

卑躬屈节，摇尾乞怜，目的所在，不过希图苟安一时，保住小朝廷的残局罢了。然而，北宋的矛头日渐迫近，进贡称臣事实上已经没有用，为着延长统治寿命，照旧偏安东南，“虽外示畏服，修藩臣之礼，而内实缮甲募兵，潜为战备”①。

在对其他割据政权战争中，宋人对南唐一直用“羁縻”手段，来争取它的中立。南唐大臣杜著向匡胤献策，被匡胤斩首。李煜为李璟请求追尊帝号，匡胤就一口答应。逢到李煜的生日，还馈送许多羊、马、骆驼等礼物。如果遇到灾荒，又拨给粮食救济。北宋和南汉冲突，李煜站在匡胤一边，写信劝刘铱不如爽性投降。两国的邦交，看来还算和睦。但从合并岭南开始，匡胤的态度大大改变。煜弟从善入朝，匡胤就把他留在京师。李煜一再请求，都不肯让他回国。匡胤又向江南纵施反间，使它杀掉著名的骁将林仁肇。仁肇原来是江南的南都留守，平日颇有威望，为匡胤所猜

① 《宋史》卷四百七十八《南唐李氏世家》。

忌。于是匡胤贿赂仁肇的侍从，偷到一幅画像，用来悬挂在别室里面，却故意露给江南使者观看，并且捏造这张画像的来历说："仁肇将来降，先持此为信。"又指着一间空房子，对使者说："将以此赐仁肇。"使者回国报信，昏庸的李煜果然中计，不问青红皂白，鸩杀了林仁肇。后来匡胤派卢多逊出使江南，以"朝廷重修天下图经，史馆独阙江东诸州"为名，索取各种有关地理材料，"于是江南十九州之形势，屯戍远近，户口多寡，多逊尽得之矣"。军事准备工作，密锣紧鼓，积极在进行中。

为了要"师出有名"，匡胤曾三次命令李煜到开封。最初通过李从善的劝诱，以后又派梁迥出使逼迫，都被李煜拒绝了。最后的一次，更明显地说明是找寻战争借口的。因为当李穆从开封出使时，北宋已经在调兵遣将了。李穆到了江南，干脆就大肆威吓。李煜对他哀求说："过去侍奉大国小心谨慎，这是希望受到周全的恩德，现在见迫如此，只有拼死罢了。"李穆将北宋的实力夸耀一番，胁迫他考虑入朝，否则会引起后悔。李煜坚决不肯答应，便造成"倔强不朝"的借口。开宝七年（公元 974 年），吴越使者来京，匡胤就对他说："回去告诉元帅，赶快训练兵甲，江南倔强不朝，我将发兵讨它，元帅应当帮助我。"

强加这样一个"罪名"，自然不是江南统治集团所能接受的。后来江南被困危急，李煜便派了徐铉做代表，对匡胤质问道："李煜无罪，陛下师出无名!"又说："李煜以小事大，如子事父，未有过失，奈何见伐?"匡胤答道："你说父子可以分成两家么?"徐铉没法，只得返回江南去了。过了一个月，又一次前来见到匡胤，反复辩论说："李煜事大礼节很恭，只因有病未能朝谒，不敢拒诏的。"匡胤听了就不耐烦，用手按剑勃然大怒道："不许多说！江南有什么罪？不过天下一家，卧榻边旁，能容别人鼾睡吗?"吓得徐铉不敢做声，又一次失败回去。这两次交涉，把匡胤的老实话也迫出来了。正因为要使"天下一家"，开宝七年九月，曹彬、潘美等将兵十万，前往进取江南。临行，匡胤对曹彬说："南方的事，委托给你，切勿暴掠人民，必须增广威信，使江南自己归顺，不须急击。"他拿出剑匣一具，交给曹彬说："副将以下不听命令的斩杀!"口吻是这般严厉，使潘美以下众将，无不为之失色。

长江下游水深岸阔，立国南方的，往往恃为天险。匡胤在后周时，曾参加了淮南战役，知道要击败南唐，必须建立强大水军。所以在即位初

南唐后主李煜（937 — 978），南唐末代国主。他在政治上无所作为，但在诗词、音律、书画方面有很高的造诣。赵匡胤吞并南唐后曾感叹：“李煜若以作诗词工夫治国家，岂为吾所俘也！”

期，就注意水军的训练。这次南征，一部分水军，从江陵（在今湖北[①]）和陆军一同出发；其余的战舰，从开封水东门出发，沿汴水东下长江。又接受江南人樊若水建议，准备在采石矶（今安徽当涂北）盖搭浮桥，来运载军队南渡。若水未曾归宋时，常借钓鱼为名，在采石江面上，划着小船，牵引丝绳，来往于南北岸之间，量度长江的宽度。经过几十次的重复，才得到准确的数字，入京献策。匡胤遣人前往荆湖，制造几千艘大舰和黄黑龙船，等到曹彬大军出发后，八作使郝守浚带着许多丁匠，用大舰装载巨竹絙索，连同所造龙船，直驶至石牌口（今安徽怀宁），将浮桥试搭起来。曹彬领兵顺流而下，自蕲阳（今湖北蕲春西北）过江，直趋池州（今安徽贵池[②]）、铜陵、芜湖、当涂，进至采石。江南沿岸戍兵，把他们当作每年例遣的巡兵，只是闭壁自守，或奉牛酒前来犒师。及至发觉形势不同，已经来不及抵抗，有的弃城而逃，有的一击即破。曹彬是十月十八日出发江陵，刚一个月，宋军便已迫近采石。这里是长江重要的津渡，金陵西方的门户。江南在这驻兵两万多，却被宋军杀得大败。采石占领后，石牌口的浮桥，就被移设在这里。三日完成，不差尺寸。大军从浮桥渡江，好像践踏平地，宋军增援前进，不久便到了金陵。

江南统治者李煜，将政事交给陈乔、张洎，自己爽性匿居后苑，与和尚道士们讲易诵经，把国家大事抛撇脑后。宋军在白鹭洲、新林港、秦淮河等处大捷，进抵城下累月，李煜还睡在梦里，懵然不知。主持军政的皇

---

① 湖北江陵，现为湖北省荆州市。——编者注

② 安徽贵池，现为安徽省池州市贵池区。——编者注

甫继勋，少年骄贵，贪生怕死，但愿李煜早早投降。裨将建议出营邀击，反倒受他责备，激起将兵的愤慨。自从开宝八年二月，关城失陷，继勋除了闭门自守，别无长策。五月里的一天，李煜偶然自出巡城，看见宋军列寨城外，旌旗遍野，知道被左右蒙蔽，立刻搜捕继勋，宣布他的罪状，然后将他正法。一面遣使前往湖口（在今江西），命大将朱令赟，带上江兵入援。这时，奉匡胤命令前来夹攻的吴越军，已经攻陷常州（在今江苏），江阴和沿江各寨次第投降。八月，进至润州（今江苏镇江）。这里地当南北交通孔道，又是金陵东方的门户，江南在这里加强守备，用刘澄做润州留后。刘澄想用投降来保持个人利益，左右请在吴越营垒尚未筑成时出兵突击，他都极力反对，始终不肯出兵。卢绛带着八千水军，自金陵突围前来相助，固守了一个多月，卒因刘澄阴谋通宋，打发他回到金陵，之后刘澄开门迎降，吴越兵占了润州，西向会师，把金陵城团团围住。

南唐顾闳中所绘《韩熙载夜宴图》（局部）。韩熙载（图中击鼓者）是南唐名臣，曾怀一统天下的志向来到南唐，却始终不得志。面对日渐衰落的南唐，韩熙载纵情声色，却难掩其抑郁之情。

十月，湖口的救兵将到，众称十五万。用木材编成簰筏，长达一百多丈，最大的战舰，装载及千人。他们顺流而下，目的在焚毁采石浮桥。宋军王明所部驻屯独树口，见江南救兵将到，立即飞骑入奏，请增造战船三百艘。匡胤说："这不是应急之策，令赟赶到，金陵之围便解了。"他授给王明密计，令他在洲浦多立木杆，远望好像帆樯一般，用来故布疑阵。果然令赟远远望见，怀疑北宋在这布置埋伏，稍稍逗留，适值江水浅涸，不

利航行，而令赟却乘坐大舰，高几十重，建树旗播，来至皖口（今安徽怀宁西）。宋将刘遇趁这机会，聚兵急攻，令赟势力穷蹙，想放火拒抗，不料北风大作，火焰反扑向自己船舰，兵众溃散，令赟被活捉去了。

仅有的外援宣告断绝，金陵便愈感孤立。自从春季开始围城，到此已届仲冬时节。曹彬遵从匡胤“使自归顺，不须急击”的方针，并没有加紧攻城的步骤。城内围困日久，居民樵采绝路。李煜出战失利，江南士气消沉。“宋师百道攻城，昼夜不休，城中米斗万钱，人病足弱，死者相枕藉。”① 徐铉两次出使，都没有结果回来。曹彬好几次警告过李煜：“十一月二十七日城必破，应当早点作好打算。”李煜被迫无奈，只得答应遣送儿子入朝。但是左右却极力反对，以为城防巩固，岂有能剋日攻破之理？双方往返交涉，很快就到了二十五，离开宣布的日期不过两天了。这天曹彬伪装生病，宋营的将官听说，纷纷前来问候。曹彬趁机对他们说：“这病不是吃药可治，只要你们发誓，破城日不妄杀一人，病自然就会好了。”将官们听了，一致表示同意。大家焚香发誓完，曹彬立即销假视事。攻城战转入紧张阶段，恰好二十七日那天，宋军攻破金陵。曹彬整队入城，来至宫门，李煜率领群臣迎拜，奉表纳降。起先，李煜命人在宫中堆积柴薪，声言“若社稷失守，则尽室赴火死”。及至见了曹彬，曹彬安慰他一番，叫他赶快收拾行装，多带些金帛之类，一同归朝，也就舍不得死了。②第二天，下着小雨，李煜和家族冒雨登船，从金陵出发，渡至半江，遥望见石头城，不觉悲泣泪下，赋诗一首：

江南江北旧家乡，三十年来梦一场。
吴苑宫闱今冷落，广陵台殿已荒凉；
云笼远岫愁千片，雨打归舟泪万行。
兄弟四人三百口，不堪闲坐细思量。③

---

① 《十国春秋》卷十七《南唐后主本纪》。

② 以上叙述，主要根据《续资治通鉴长编》卷十五、卷十六。

③ 马令《南唐书》卷五《后主书》。

统一的历史条件

赵匡胤没有完成全国的统一，就在五十岁那年死去。遗留下的工作，就由他的继承人赵炅（宋太宗，即光义）来担当了。其实，匡胤真正未能统一的，只有他临死前还在经营的北汉。其余像吴越的钱俶，漳（今福建漳州）、泉（今福建泉州）的陈洪进，自始对北宋皇朝即已表示屈服。钱俶从建隆元年接受兵马大元帅，又增加了对宋的贿赂，乾德元年（公元963年）的“进贡”物品，记有银万两，犀牙各十株，香药十五万斤，金银、珍珠、玳瑁器物数百件，[①] 这还不是最多的一次。开宝七年（公元974年），匡胤命他发兵夹攻江南，授昇州东面招抚制置使，俶便亲自带兵攻拔常州。在江南战事中，也曾极力向北宋靠拢。陈洪进从乾德二年授平海军节度、泉漳等州观察使，也是每年必向匡胤奉献贿赂的。[②]

等到江南平定，匡胤借酬功为名，向吴越示威，征召钱俶入京“朝觐”。钱俶自然不敢违抗，便在开宝九年二月，携带妻室儿孙，到开封来祝贺匡胤生日，一再献出巨额银绢器物。匡胤对待钱俶，表面装作特别友好，最后让他平安返回杭州。但在另一方面，却将大臣要求扣留钱俶合并吴越的奏章，用黄袱包裹，交给钱俶，故意叫他在中途拆阅。使钱俶看到了，又是惊惧又是“感激”。陈洪进闻听钱俶入朝，也感觉自不安心，打发儿子文颢来献礼物，匡胤乘机迫他亲来，洪进不敢拒绝，便从泉州起程。行至南剑州（今福建南平），听到匡胤逝世消息，才折返泉州城。由这可见，这两股势力，盘踞着一隅之地，在大多数割据政权消灭后，统一

① 《宋史》卷四百八十《吴越钱氏世家》。

② 同上，卷四百八十三《陈氏世家》。

位于杭州西子湖畔的钱王祠。始建于北宋熙宁十年（1077 年），为纪念吴越国五位钱氏国王的功绩而造。古祠几经毁建，现在的建筑是 2003 年在原址上重建的。吴越国是十国之一，割据江浙一带，长期向中原王朝称臣纳贡，经济繁荣，社会稳定。太平兴国三年（978 年），末代国王钱俶向宋朝纳土献地。

只不过是时间问题。在赵匡胤心目中，他们早已是囊中之物了。① 这里所以使用各种手段，无非是想胁迫他们“自动”归降。如果匡胤寿命延长，这事不难会及身而见。总之，在他统治的十七年内，将南方最大的两股势力后蜀和南唐打垮；对于顽强抗拒的北汉，也从军事、经济、政治等方面给它打击，逐渐削弱它的力量，替日后消灭这个政权打好基础；此外又合并荆湖和岭南，统一全国的事业，可以说是基本完成了。

赵匡胤所以获得这些成就的原因，应当说是由于历史发展趋势所造成的。历史人物的出现，总是反映着当时社会的需要。因此，匡胤恢复统一工作能够顺利进行，就和当时历史条件有着不可分的关系了。

首先，从中原地区发展情况说，虽因唐末以来长期混战，社会生产力遭到很大破坏；但是经过一段时期以后，大规模的战争逐渐减少，劳动人民获得比较安定的环境，即使在最艰苦的条件中，他们也还是坚持着生产斗争的。某些统治者为了巩固自己的根据地，保证赋税收入的来源，也实

---

① 《新五代史》卷六十七《吴越世家》：“太祖皇帝时，俶尝来朝，厚礼遣还国，俶喜，益以器服珍奇为献，不可胜数。太祖曰：‘此吾帑中物尔，何用献为？’”

施了一些改良政策，促进经济的恢复和发展。例如朱温的“外严烽堠，内辟污莱，厉以耕桑，薄以租赋”[①]。李嗣源的“在位年谷屡丰，兵革罕用，校于五代，粗为小康”[②]。后周统治者郭威、柴荣，为了巩固自己的政权，先后加强中央政府的权力，实行奖励生产发展政策。例如招集流亡的人口，授给他们无主土地，同时暂免他们差役赋税。广顺元、二年间（公元951至952年），由契丹流入河北州县的，就有几十万人。[③] 这样原来许多抛荒的田土，可以得到陆续开发，大量离开土地的无业游民，也可以重新回到土地上，来参加生产。广大的我国北方，农业逐渐获得恢复和发展，经济力量愈加壮大，为统一全国创造了条件。

另一方面，后周统治者鉴于藩镇的强大，将兵的骄悍，曾经开始整顿禁军，挑选精通武艺的壮士，编入殿前诸班，训练成为一支最精锐的武装，加强了中央政府的军事力量。[④] 在这个基础上，着手统一全国。柴荣领导下的中央军，先后战败后蜀和南唐，夺取秦、凤、成、阶四州，以及淮南十四州广大领土。这两个国家的削弱，替赵宋统一南方铺平了道路。而领土的扩张，使国家物质财富力量，又日渐强固起来。这样北宋建立前夕，中原皇朝的领域，已经拥有一百十八州，人口九十六万户，比较其他国家，无论疆域和人口，都远远超过了。[⑤] 加上北伐契丹，收复关南，这就使北方国防巩固，中原皇朝国力显著提高，替北宋恢复统一，建立了良好的基础。

在当时的南方，一般说动乱较少，环境比较安定，人民积极生产的结果，社会生产力很快便恢复和发展起来。各国统治集团的改良措施，或多或少起了推动的作用。杨行密时代的吴国，经过几年的“招抚流散，轻徭薄敛”，就达到“公私富庶”的田地。[⑥] 南唐时代的李昪，下令：“民三年艺桑及三千本者，赐帛五十匹。每丁垦田及八十亩者，赐钱二万，皆五年

① 《旧五代史》卷一百四十六《食货志》序。

② 《资治通鉴》卷二百七十八《后唐纪》。

③ 《旧五代史》卷一百一十二《周太祖纪》。

④ 王溥《五代会要》卷十二注。

⑤ 《新五代史》卷六十《职方考》；同书载南唐州数为21，后蜀46，南汉47。户数据《文献通考》卷十一建隆元年；同书载蜀平得534 029户，广南平得170 263户，江南平得655 065户。

⑥ 《资治通鉴》卷二百五十九《唐纪》。

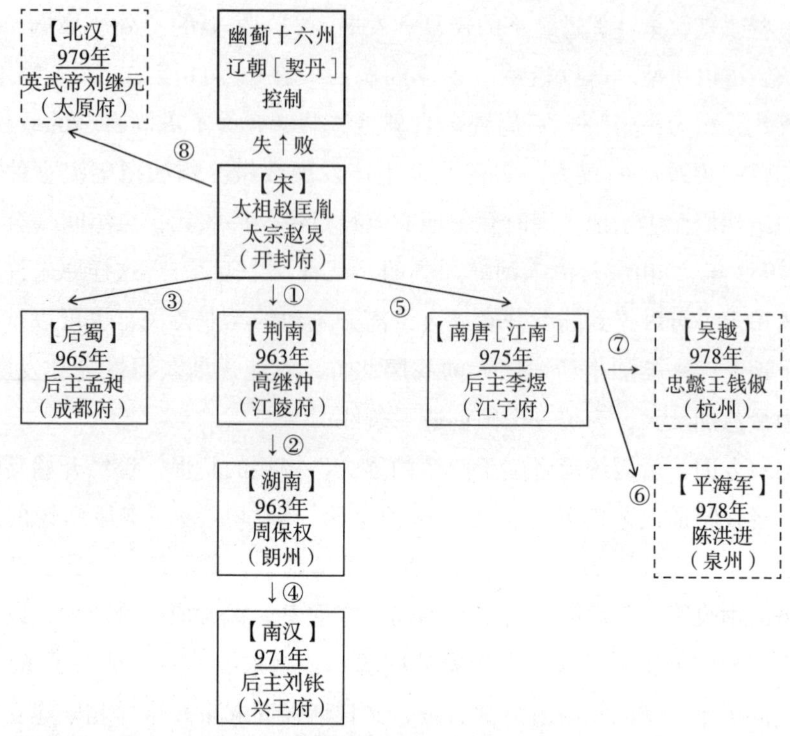

宋太祖赵匡胤、宋太宗赵炅（即赵光义）统一天下示意图。（细实线中的政权为赵匡胤所吞并，虚线中的政权为赵炅所吞并，圆圈中的数字表示吞并诸政权的顺序，黑括号中为政权名称，圆括号中为政权首都或首府。此图为编者所加。）

勿收租税。”又分遣使者按行民田，根据肥瘠均定田税。[①] 吴越统治者钱镠，在江南筑捍海石塘，使“钱塘富庶，盛于东南”。他的后代钱俶，招募人民开垦荒田，免收租税，人民辛勤劳动的结果，造成境内没有荒田。[②]

农业恢复和发展，促进了商业的繁荣。有的统治者，把商业利润当作重要的财政来源，便实行了鼓励的政策。楚国的马殷，在他统治时期，湖南不征商税，四方商贾辐凑，用境内余剩物资，交易天下百货，使国家富饶。他在后梁的汴京等处，都设有“回图务”，从湖南运茶至河南、北，交易缯纩战马，岁收几十万，使得国用充足。[③] 在分裂割据形势下，各国互通有无，更加显得重要。所以杨行密释放马賨回楚时，便对他说：“为

① 《十国春秋》卷十五《南唐烈祖本纪》。

② 《资治通鉴》卷二百六十七《后梁纪》、卷二百七十《后汉纪》。

③ 《十国春秋》卷六十七《武穆王世家》。

我建立两国友好，借通商来相互资助，就等于报答我一样。”[①] 虽然远至契丹，也遣使来到南唐，用羊马来交易罗纨、茶药。[②] 后唐时唐州（今河南唐河）商店，每当点检钱帛，便发现许多锡镴小钱，都是江南商贾夹带前来，足以说明商业关系的密切。[③] 后晋时开封称为“水陆都会，资用富饶”[④]。到后周疏浚汴河、五丈河，扩建京城，一时“淮浙巨商，贸粮斛贾，万货临汴，无委泊之地”[⑤]。物资交流，更加发达了。

各国经济关系日益密切，以中原为中心商业网逐渐形成，促进了以北方为核心统一全国的可能性，加强了新兴商人地主阶级对统一的期望。因为在分裂时期，物资需求虽然迫切，到底国家之间的交通，还是受到许多障碍。遇着战争爆发，邦交断绝，商人旅客，就要尝尽道路隔阂之苦。例如北方通淮南大道，便一再被人为阻断。一次，后梁和吴国交战，吴越的使者入京，只得从浙江绕道福建、江西、湖南、湖北。[⑥] 后晋初李昪称帝南唐，淮南交通又断，石敬瑭遣使吴越，也要冒着风涛之险，泛海南行。[⑦] 直至北宋初年，借口加强沿江防务，统治者还在封锁南北交通，禁止商旅过江贸易。[⑧] 因淮南一路经常受阻，荆湖地区，在交通上便占重要地位，中原皇朝向南方各国榨取的贡赋，多半取道这里入京。但是，当荆南割据势力和后汉政权绝交时，北方的商旅也宣告绝迹。[⑨] 后周时，这个国家又在江陵北面纪南城北，挖了一个周围七里多的贮水池，名叫北海，用来阻隔南北交通，保证自己的安全。[⑩] 至于川陕方面的通路，也因为几次对秦、凤等州的争夺，后唐还一度覆灭了前蜀政权，每当用兵时期，北方入蜀的商人旅客，自然就不能畅通。[⑪]

尽管这些人为的隔阂，都属暂时性质，毕竟对于发展中的商业，就遭

---

① 《新五代史》卷六十六《楚世家》。
② 《十国春秋》卷十五《烈祖本纪》。
③ 《旧五代史》卷一百四十六《食货志》。
④ 《资治通鉴》卷二百八十一《后晋纪》。
⑤ 释文莹《玉壶清话》卷三。
⑥ 《十国春秋》卷十八《吴越武肃王世家》。
⑦ 《新五代史》卷五十七《段希尧传》。
⑧ 《续资治通鉴长编》卷五。
⑨ 《资治通鉴》卷二百八十八《后汉纪》。
⑩ 《宋史》卷四百八十三《荆南高氏世家》。
⑪ 《资治通鉴》卷二百七十七《后唐纪》：“两川以朝廷继遣兵屯遂、阆，复有论奏，自是东北商旅，少敢入蜀。”

赵匡胤即位当年铸造的货币“宋元通宝”

到很大的限制。其次，各国统治者，为了保护本国的经济利益，纷纷自铸钱币。如南唐有“唐国通宝”，闽国有“开元通宝”，前蜀有“永平元宝”，楚国有“天策府宝”等钱，诸如此类，名品不一。各国钱币，多半铅锡杂用，流通不广，斤两又重，不便携带。有时国家之间的贸易，退居物物交易状态。[1] 商品流通，自然要受障碍。此外，各国统治者既然重视商业所得，加诸商业上的掠夺，也就更加剧烈。各种商品过境，税额常被任意增加。例如孟知详盘踞西川，和东川的董璋争盐利，在汉州（今四川广汉）特置三个榷场，重收入境盐税，这使西川盐商，不敢再向东川买盐。[2] 盘踞福建的王曦，用陈匡范做国计使，增算商贾几倍。[3] 加上吏治腐败，商人缴纳正税之外，还要对贪官污吏行贿，浮费一多，获利就少。全国如不恢复统一，这些问题得不到解决，对商业来说，自然是困难重重，不易进展。

人民群众饱尝战争痛苦，渴望和平统一，比谁都要迫切。五代兵连祸结，混乱不止，人民生命财产，完全失去了保障。帝王军阀，为了充实内战兵源，强征农民入伍。如朱温进攻沧州（今河北沧县[4]东），刘仁恭屡战屡败，强迫征发部内男子，从十五到七十岁，都要自备粮食，入伍当兵。仁恭得二十万人，而闾里为之一空了。[5] 大批农民被迫背离乡里，隶入军籍，脸上刺了文字，永远不能脱离，只好当一辈子兵，休想重回乡里生产。那些凶残暴戾的帝王军阀，视人民生命如同草芥，战场之上，血腥的屠杀，随时大规模地进行着。后梁乾化元年（公元911年），梁、晋两国交锋，柏乡（今河北）之役，后梁的龙骧、神捷精兵，损失殆尽。自野河至柏乡，僵尸蔽地。晋兵来到柏乡，凡斩首二万级。梁将杜廷隐守深（今

---

① 《十国春秋》卷六十七《楚武穆王世家》：“商旅出境，无所用钱；辄易它货去。”

② 《资治通鉴》卷二百七十六《后唐纪》。

③ 同上，卷二百八十二《后晋纪》。

④ 河北沧县，现为河北省沧州市。——编者注

⑤ 《旧五代史》卷一百三十五《刘守光传》。

河北深县[①])、冀（今河北冀县[②]），听说梁兵战败，便放弃两州撤退，临行时驱掠全部丁壮，将他们转化为奴婢，老弱不堪奴役的，竟惨遭活埋。梁军退走后，城内只剩下颓垣败壁，到处不见人烟，这是多么悲惨的一幅图画![③]

类似这样的破坏，几十年间不知有过多少。遇着兵临城下，守军如果坚持抵抗，遭殃的往往是城中的百姓，城破之日，惨被宰杀很像献祭的羔羊。何况围城之时，伤死、饿死、疫死，不断给人们以严重的威胁，更使人民对战争产生极大的厌恶。后梁开平三年（公元910年），刘守光围攻沧州，城中杀人来吃，号“宰杀务”。后晋开运元年（公元944—945年），李守贞进攻杨光远，青州食尽，饿死大半。后汉天福十二年（公元947年），刘知远围攻杜重威，邺都城里饿死的，占十分之七八。重威勾引来协助守城的幽州兵，将出境大掠而去。[④] 这支幽州兵，原是从契丹勾结得来。契丹自从强盛以来，经常在北方边境骚扰，五代初期，即“幽蓟之人，岁苦寇钞”[⑤]。后晋开运三年（公元946年）侵略京城，颠覆中原皇朝，俘虏后晋皇帝。当他们侵占开封时，也曾纵容铁蹄四出，分番剽掠，名唤“打草谷”。京畿附近，和郑（今河南郑州）、滑、曹（今山东曹县）、濮（今山东濮县[⑥]东）几百里间，财畜殆尽。又分遣爪牙几十人，往各州括借钱帛，激起广大人民的愤怒，反抗的义军纷起。[⑦] 其实纵兵大掠的，不单止侵略者契丹贵族而已，当时军阀们彼此战争，士兵多半漫无纪律。后梁朱友贞、友珪争夺帝位，袁象先等军队十多万，大掠洛阳，百司逃散。后唐李嗣源将入洛，京城先已大乱，军师焚掠不止。郭威领兵攻汉，公然允许士兵剽掠京师十日，来激励士气。果然在入京时，军士就随处劫掠，通宵烟火四起，郭威才下令禁止。[⑧] 可见长期战争给人民带来的灾难，是不可言喻的。加上外患日亟，更促使人民感到有统一御侮的要

---

① 河北深县，现为河北省深州市。——编者注

② 河北冀县，现为河北省冀州市。——编者注

③ 《资治通鉴》卷二百六十七《后梁纪》。

④ 以上叙述，根据同上，卷二百六十七、卷二百八十四、卷二百八十七。

⑤ 《新五代史》卷七十二《四夷附录》。

⑥ 山东濮县，现已撤销。五代、宋朝时的濮州治所，在今山东省菏泽市鄄城县北。——编者注

⑦ 《资治通鉴》卷二百八十六《后汉纪》。

⑧ 以上叙述，先后见同上，卷二百六十八、卷二百七十五、卷二百八十九。

正在狩猎的契丹人。契丹是我国东北的民族，唐末五代之际迅速崛起，建立政权，窥视中原。自从石敬瑭将幽蓟十六州割让给契丹后，中原遂失去北方屏障，完全暴露于北方渔猎民族的锋芒之下。

求了。

由于战争的频繁，统治阶级向人民榨取，无不极为苛细。后梁用赵岩做租庸使，“举贷诛敛，结怨于人”。后唐用孔谦做租赁使，谦“重敛急征，以充帝欲”，以致“民不聊生”。① 举子聂夷中，作《伤田家诗》说：

二月卖新丝，五月粜新谷，
医得眼前疮，剜却心头肉。
我愿君王心，化作光明烛，
不照绮罗筵，遍照逃亡屋。②

上面这首诗，集中地反映了当时劳动人民的痛苦和他们的深切愿望。但他们所受的痛苦还不止这样。梁、唐时秋夏苗租，民输一斛，别输二升，叫“雀鼠耗”。后汉刘承祐统治时，更规定每输一斛，增收二斗，叫做“省耗”，农民负担愈加沉重了。③ 外加各道节度使，还要公然科敛，残酷榨取，使农民更加困敝。像后晋杜重威守恒州（今河北正定），常常借口备边，搜括吏民钱帛，来增加个人私蓄。④ 后汉刘铢守青州，擅自增加赋税，每秋苗一亩，收钱三千；夏苗一亩，收钱二千；迫得农民无法生

① 《资治通鉴》卷二百七十三《后唐纪》。
② 《旧五代史》卷一百二十六《冯道传》。
③ 同上，卷一百七《王章传》。
④ 《资治通鉴》卷二百八十四《后晋纪》。

活。[①] 这不过是举出的两个例子。

地方官吏，又巧造各种名目，加重剥削。有时冒称修城，有时假作修葺衙署，正税以外，勒索多端。[②] 尤其是盐税的负担，当时最是繁重。石敬瑭曾采计户征税办法，不论吃盐多少，却将人户分成五等，每户纳二百至一千文，听商人随便贩卖，人民自由买食。这样不合理的负担，当时还以为是“好办法”。及至石重贵统治时代，除了按户征收盐钱外，又令诸州加征商税，于是人民吃盐，就要纳双重税了。[③] 后汉有个宰相杨邠，曾指出过当时的政治方针说：“为国家者，但得帑藏丰盈，甲兵强胜。”[④] 为了达到这个目的，统治者就可以不择手段，残酷地无限止地压榨人民。人民在沉重的担子下面，生活日趋恶化。

至于割据各国，后期的统治集团，政治也日渐腐败。随着经济的恢复和发展，各种苛酷的赋敛，纷纷压在人民的头上。人民对待这样的政权，自然感到不满。

统治湖南的楚王马希范，生活极为奢侈，宫室园囿，用金宝装饰。财政困难，便实行苛敛。派遣行田的使者，专以增加顷亩数字邀功，人民被迫至抛家失业，弃产逃亡。

割据福建的王昶，在他的统治区里，百役繁兴；用度不足，就一意聚敛，甚至蔬果鸡豚，都被课以重税。后来王延政统治时代，因为国小民贫，而又战争不息，大臣杨思恭以善于搜括得宠，他增加田亩山泽赋税，直到鱼盐蔬果，莫不增税一倍。人民表示对统治阶级的痛恨，替他起了一个名字，叫做“杨剥皮”。[⑤]

南汉统治者刘龑，生活穷极奢丽，建筑宫殿，用金玉珠翠装饰。他的儿子刘玢统治，“不能任事”，召伶人作乐饮酒，荒淫无耻。人民不堪被压迫，纷纷起来反抗。[⑥]

后蜀统治者孟昶，嗜好走马击球，夺取良家女子充后宫。又用张业做

---

① 《旧五代史》卷一百七本传。

② 同上，卷三十七《唐明宗纪》。

③ 赵翼《廿二史劄记》卷二十二《五代盐麹之禁》条。

④ 《旧五代史》卷一百七本传。

⑤ 《资治通鉴》卷二百八十三、卷二百八十一、卷二百八十三《后晋纪》。

⑥ 《新五代史》卷六十五《南汉世家》：“由是山海间盗贼竞起，……岭东皆乱。”

唐宋时期，马球是风靡一时的体育运动，并一度成为军事训练项目。五代时，前蜀后主王衍、后蜀后主孟昶皆是马球的铁杆儿球迷。然而，在政治昏乱的背景下，马球无法提高军队的战斗力，更不能挽救两位蜀国后主亡国的命运。

相，业在家里设私狱，用酷法厚敛，激起蜀人的愤怒。①

南唐李璟在位，用冯延鲁、陈觉等“邪佞”专政，人民把他们称作“五鬼”。又用宋齐丘作相，树立朋党，政治腐败。后来攻灭楚国，湖南府库空虚，便加重剥削当地人民，来供养屯驻军队，楚人怨恨，多起来反抗。②

位于北方的北汉，“土瘠民贫，内供军国，外奉契丹，赋繁役重，民不聊生”。人民采用逃亡的方式，和统治者展开剧烈斗争，大批大批人民，先后逃入周境。等到柴荣差符彦卿等北征，军队行至汉境，人民争先恐后，携带食物前来欢迎。同样的，淮南人民苦于南唐统治者的苛敛，当后周军队南征时，又都争着带了牛酒，前来迎劳。③ 又如秦、凤地区人民，因愤恨后蜀苛政，不止一次有人进京，向柴荣呼吁，请他出兵占领该地。④ 赵匡胤做了皇帝，不久成都满城就流行一首诗，有两句说：“烦暑郁蒸无处避，凉风清冷几时来?”表示出蜀人对北宋统一的渴望。⑤

由此可见，赵匡胤的统一战争，是符合人民利益、深得群众支持的。与此相反，各国统治集团的腐朽无能，秕政百出，因而他们的政权日益为人民所唾弃。这就是匡胤在统一战争中，能够节节胜利的主要因素。且看当时列国的现状吧：

---

① 《新五代史》卷六十四《后蜀世家》。

② 同上，卷六十二《南唐世家》。

③ 《资治通鉴》卷二百九十、卷二百九十一《后周纪》。

④ 《旧五代史》卷一百一十五《周世宗纪》。

⑤ 《玉壶清话》卷六。

荆南政权在宋初时，已经弄到“军民咸怨”的地步，卢怀忠经过一番考察以后，回来对赵匡胤说：“攻之易耳。”果然未发一箭，就被宋军占领。

后蜀孟昶的后期统治，“是时蜀中久安，斗米三钱，国都子弟，不识菽麦之苗，金币充实，弦管歌诵，盈于闾巷，合筵社会，昼夜相接”[①]。上层社会享乐腐化，国家武备逐渐废弛。后周出兵进攻，黄华谷一败，雄武节度使韩继勋便放弃秦州逃跑，秦、成、阶三州不战而下。及至宋军深入，后蜀君臣束手无策，王昭远、孟玄喆之流庸懦无识，不知兵事，竟被用作主帅，以致一闻败迅，便即分崩离析，前后六十六日，宣告亡国。

南汉统治者刘𬬮，听信谗言，杀戮旧将。邵廷琄屯驻洸口（今广东英德西），能训练士卒，修饬武备，受到军民欢迎。反而招致刘𬬮的猜忌，听信谗言将他杀死。当宋军压境的时候，只有委托宦官掌兵，“城壁壕隍，但饰为宫馆池沼，楼舰器甲，辄腐败不治”[②]。以致大军所至，如摧枯拉朽。

南唐统治者李煜，生活纵侈无度，剥削人民的程度，比杨行密时增多几倍。[③] 乾德二年（公元964年），改用铁钱做货币，人民反抗这种剥削，把铜钱藏匿起来，因此“物价增涌，民复盗铸”。虽然严厉禁止，却不发生效力。礼部侍郎汤悦上言：“泉布屡变，乱之招也；且豪民富商不保其赀，则日益思乱。”[④] 可见连地主商人，对这个政权都有反感。李煜本人，因弟弟从善被留在宋，“尝怏怏以国蹙为忧，日与群臣酣宴，愁思悲歌不已”，态度异常消极。金陵被围，这时“老将已死，主兵者皆新进少年，以功名自负，辄抗王师。闻兵兴踊跃言利害者，日有十数，及遇辄败北”[⑤]。又大括境内丁壮，编制入伍。分作十三等兵，驱迫前往登城捍守。然而这些“民兵”有的是招集来的“无赖亡命”，其余大多被骗迫来支持这个腐朽统治的。他们用消极的态度反抗统治者的压迫，所以一上战场，立即“奔溃相踵”[⑥]。各国统治阶级的无能，加速他们的政权走向崩溃，这使赵匡胤能在较短期间，赢得巨大胜利。

---

① 《十国春秋》卷四十九《蜀后主本纪》。

② 《续资治通鉴长编》卷五、卷十一。

③ 曾敏行《独醒杂志》卷一。

④ 马令《南唐书》卷五《后主书》。

⑤ 《新五代史》卷六十二《南唐世家》，马令《南唐书》卷五。

⑥ 《十国春秋》卷十七《南唐后主本纪》。

《入国知教帖》（局部），相传为李煜真迹。据《清异录》记载，李煜写大字时不用毛笔，而是将帛卷成笔来书写，他挥洒自如，人称这种大字为“撮襟书”。李煜的书法遒劲如寒松霜竹，名曰“金错刀”。

匡胤个人的军事才能，对于统一事业的完成，也起了一定作用。不过，杰出人物的才干，只有在顺利的社会条件下才能崭露头角。由于赵匡胤生活在上述历史时代，这才决定了他的才干，得到施展的机会。例如他决定采用“先南后北”的策略，在南方经济迅速发展前提下，对于全国统一的恢复，具有极其重要的意义。北宋皇帝合并两川以后，曾经拆毁后蜀宫殿，采取建筑木材造船二百艘，专供运输物帛、铜钱、器皿和银腰带等胜利品，应付江南军前；其余珍珠细软，则经由陆路发付京师。南汉亡国后，虽然经过一场大火，但是在焚烧之余，还存美珠四十六瓮。① 所以南宋的李焘说“及取荆湖，下西蜀，储积充羡”②，不是毫无根据的。在合并这些国家之后，中央政权的物质财富，大大地增强了。不但应付统一战争可以绰绰有余，而且财政情况好转，政府的内藏库中，积蓄起大量节余财

① 《十国春秋》卷四十九《蜀后主本纪》、卷六十《南汉后主本纪》。
② 《续资治通鉴长编》卷六。

帛，五代时府库枯竭的现象，已被扭转过来。

曹彬（931－999），字国华，宋初名将，以严于治军、重视军纪著称。宋灭后蜀时，是唯一反对抄掠滥杀的高级将领，也因此得到赵匡胤青睐，被委以统帅大军扫平江南的重任。曹彬的孙女后来成为宋仁宗的皇后，孙子曹佾则是传说中“曹国舅”（八仙之一）的原型。

匡胤本人，原是行伍出身，作战经验异常丰富。每当调兵遣将，事前亲自缜密规划，临出发时，例必对主将面授战略，布置停当，然后出兵。虽然反映出当时将权的削弱，但从战争结果看来，他所布置大体上是正确的。同时，由于他出身“微贱”，在吸收历史教训的情况下，又体会到争取人民支持的重要。因此在历次战争中，总是将禁止屠杀人民作为鉴戒。例如两川的攻战，他嘱咐王全斌说：“勿害良民!”江南之战，又叮咛曹彬说：“切勿暴掠生民，务广威信。”又说，“城陷之日，慎无杀戮。”这是他和五代的帝王军阀，有着显著不同表现的地方。他在新占的国家领土内，首先罢除各种苛捐杂税，有限度地统一法令制度。例如削平后蜀时，知成都府吕余庆到任，首先罢除饮食品榷税，斩杀掠夺商人财物的军校，使地方秩序很快安定，地主商人都转而拥护新统治者。[1] 后来南汉政权覆灭，又在岭南地区，禁止掠卖人口黥面为奴婢来雇佣取直；地方官吏又实行一些改良措施，如提倡医药卫生，颁发本草药方，免除生药入境商税等等。[2] 其主观愿望，虽说是为了巩固新占领区的统治秩序，提供统治者压榨的泉源，但在客观上，都能符合当时人民利益，受到群众的欢迎，因而也促进了统一事业的顺利发展。可见匡胤事业的成功，并非出于偶然。

① 《邵氏闻见录》卷一。

② 《续资治通鉴长编》卷十二、卷十三。

肆

军事集权制度的建立

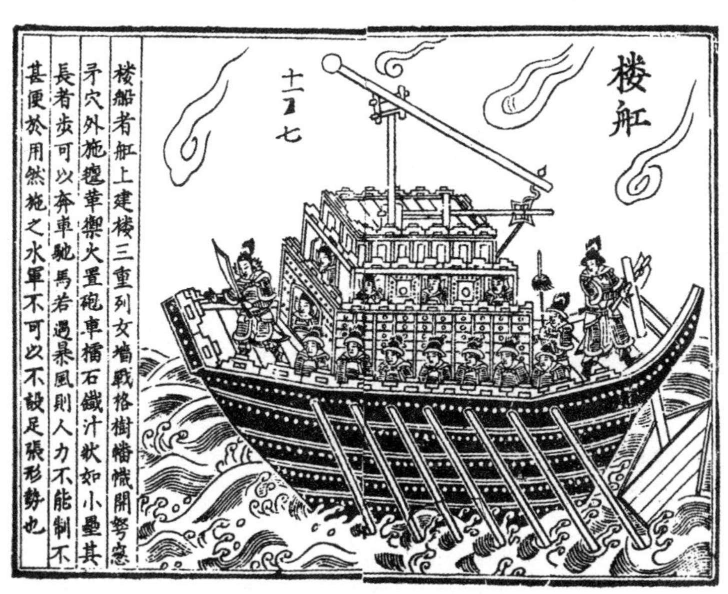
楼舡
楼船者舡上建楼三重列女墻戰格樹幡幟開弩窗
矛穴外施氊革禦火置砲車檑石鐵汁狀如小壘其
長者步可以奔車馳馬若遇暴風則人力不能制不
甚便於用然施之水軍不可以不設足張形勢也

“杯酒释兵权”

为了确保全国的统一，维护赵宋皇朝的长远统治，怎样集中军事权力，抑制地方军阀的抬头，建立和巩固中央集权封建统治，防止军人实力派的颠覆活动，这是新皇朝建立以后，摆在赵匡胤面前的一个重要课题。

在以前的五代时期，政治舞台上，实力地位支配着一切，政权的兴亡，跟着军权的得失来转移。所谓“国擅于将，将擅于兵”，正是当时的特点。赵匡胤本身，就是依靠掌握禁卫精兵，终于夺取统治权力。这种情形如果继续，封建军阀仍在各霸一方，政府内部还受军人掣肘，不特成为恢复统一的巨大阻力，而且皇朝内部的痈疽未除，随时有爆发巨大政变的危险。赵家政权想要享国长久，自然是很难办到。已将政权夺取到手的赵匡胤，希望能够结束五代政权寿命短促的局面，让自己的子孙后代，可以永远保持帝业，因此对于上述问题，就不能不加以重视。在肃清后周残余势力后，他开始和集团内部人物，替自己建立的政权，策划一个长远的打算。一次在会见赵普的时候，就问他道：“自从唐亡以来，几十年间，帝王换了八姓，战斗不止，生民涂地，是什么缘故呢？我想替天下息兵，为国家作长久计，应当怎办？”赵普答道：“没有别的，只因方镇太重，君弱臣强罢了。要变也不难，稍夺他们的权力，管制他们的钱谷，收了他们的精兵，天下自然安定了。”[①] 这一番话恰好针对当时症结的所在，以后这个策略，就成为北宋集权专制主义的行动纲领。

匡胤原是郭威的部下，参加过拥立郭威的一幕。及至总揽兵权，又袭郭威故智，发动“陈桥兵变”，满足个人最大的野心。根据自己的经验，对军人权力过大的危险，匡胤体会特别深刻。他为了保持自己最高统治者

① 《续资治通鉴长编》卷二。

的地位，觉得矫正“方镇太重，君弱臣强”，实行军事上的变革，已成为当前急务。藩镇的强大固然可忧，但是还有近在左右的禁兵，过去老是反复无常，对赵匡胤的统治讲来，未尝不是一桩“心腹大患”。因为当时的禁兵，拥有全国最精锐的战士。禁兵的高级将领，如慕容延钊、韩令坤、石守信、王审琦等人，有的是过去的好友，有的是义社弟兄，有的直接参加了拥立的阴谋。虽然都是一个集团里面的人物；究竟匡胤之得有今日，还是依靠了这个集团的力量。而且他们自恃有功，已经出现了“偃蹇难制”的迹象，那么就更不能不使他内心戒惧。何况，在当时最高统治集团里面，还有对这事坚持最力的赵普。他深切了解五代“将擅于兵”的危机，坚决主张削弱高级将领的兵权。当匡胤陷入权力和友谊的矛盾，还表示犹豫不决的态度时，赵普就说服他道：“我也不怕他们反叛，不过看到这几个人，都没有统御能力，恐怕不能制伏部下。万一军队里有人作孽，他们临时也不得自由罢了。”① 一席话说得匡胤哑口无言，除了表示同意之外，没有其他可说的。

建隆二年（公元961年）春天，殿前都点检慕容延钊从真定入朝，侍卫亲军都指挥使韩令坤从征淮南返京，趁这机会，匡胤解除他们的兵柄，

“杯酒释兵权”是赵匡胤的一大创举，他通过“和平赎买”的方式，不仅解决了五代时期兵权旁落的问题，而且打破了“兔死狗烹”的传统，开创了两宋时期的政治文明。

---

① 《续资治通鉴长编》卷二。

延钊和令坤都罢去禁军军职，分别出任山南东道和成德节度使去了。同年秋天的一个晚上，匡胤预备下丰盛的酒肴，约请石守信等几个将领，同在一起饮宴。席间匡胤屏退左右，对守信等说："不是你们出力，我没有今天，感谢你们的恩德不尽。不过作天子不容易，还不如节度使快乐些，因为我没有一夜睡得安枕的。"守信等急忙追问缘故，匡胤说："这就不难知道，这个位置，谁不想做？"守信等叩头问道："今天命已定，谁还敢有异心呢？"匡胤说："不，你们虽然没有异心，怎奈部下贪图富贵的人，一天也把黄袍加你身上，难道容许你说不做吗？"将领们听罢，只得顿首说："我们倒没想到，望陛下指示一条生路！"匡胤说："人生好像白驹过隙，贪图富贵的人，不过想多积金钱，厚自娱乐，使子孙不会贫乏罢了。你们何不放弃兵权，出守大藩，选买便好田宅，替子孙们置备永远不动的产业，多置歌儿舞女，天天饮酒快乐，过一辈子。我还和你们约为婚姻，君臣之间，两无猜疑，上下相安，岂不很好？"众将听罢也无可奈何，却不能不表示感谢一番。

愿意也罢，不愿意也罢，既然这是当时最高统治集团的决策，不由得将领们不把兵权递交出来；何况，匡胤在收回兵权的同时，又答应给他们以经济上的让步。就在举行宴会的明天，这些高级将领们，一个个提请罢免军职，匡胤自然十分高兴，对他们假作安慰一番，送给他们很厚的财礼。于是高怀德、王审琦、张令铎、罗彦瓌等，都罢免宿卫，以节度使的名义，出外镇守去了。只有石守信仍然兼着侍卫都指挥使，不过已经没有什么实权。所谓"杯酒释兵权"，在历史上成为一段有趣的"佳话"。①

直至开宝二年（公元969年）冬天，匡胤又采取同样手段，罢去宿将王彦超等节度使。这次罢职的将领，都是赵匡胤的老前辈，有许多在晋、汉两朝，已经"建功立业"，曾经"显赫一时"。这年因彦超等先后来至开封，匡胤又利用了这么一个机会，邀约他们在后苑宴会。酒喝差不多的时候，匡胤便开口说："卿等都是国家元老，久临剧镇，王事鞅掌，不符合朕优贤的心意。"彦超心里会意，乘机顺着匡胤的意思说："臣本来没有勋劳，久冒荣宠，现在已经衰朽，愿乞骸骨归田园。"在座的节度使武行德、

① 以上叙述，根据《续资治通鉴长编》卷二。

郭从义、白重赞、杨廷璋等，不识趣地争着自陈功战阀阅，夸耀自己的履历艰苦。匡胤说："这是前代的事情，有什么可说的？"第二天，宣布罢免他们的节度使，各给闲散官职，留在京城居住。[①] 资历高深的耆旧宿将，足以威胁皇朝存在的，逐一交出了兵权，梗在匡胤心里的石头，又放下了一块。

① 《续资治通鉴长编》卷十。

军事机构的调整

旧有的实力派虽然铲除，问题还不能完全解除，为着巩固政权的统一，保证不致有新的实力派产生，解除宿将兵权以外，尚须进一步调整军事机构。北宋初年的禁兵，分隶殿前、侍卫两司，殿前都检点、殿前都指挥使、侍卫亲军都指挥使，是最高级将领。而“殿前军起于周世宗，是时太祖为殿前司都虞候。初诏天下选募壮士送京师，命太祖择其武艺精高者，为殿前诸班，而置都点检，位都指挥使上，太祖实由此受禅”①。正因匡胤由这夺得帝位，所以殿前都点检一职，于慕容延钊罢作节度使的同时，就乘机撤销了。同年副都点检高怀德罢作节度使，又乘机撤销副都点检一职。到次年石守信请解军职，又撤销了侍卫马步军都指挥使。就这样，较低级的殿前都指挥使、侍卫马军都指挥使和步军都指挥使，变成为禁军的最高将领，合称“三衙”。② “两司三衙合十二员，分天下兵而领之。”③

禁卫军本来是天子自领的私兵。但是宋朝的定制，凡是内外屯戍的士兵，都隶属于禁军。禁军分由三衙统率，是分散将帅权力的措施。三衙将帅，分统所隶禁兵，“凡统制训练，番卫戍守，迁补赏罚，皆总其政令”④。皇帝住在宫廷，由禁兵负责侍卫，出外由禁兵担任扈从。另外，“凡天下兵籍，武官选授及军师卒戍之政令，悉归于枢密院”⑤。所有侍卫诸班直、

① 《石林燕语》卷六。

② 《续资治通鉴长编》卷二：“独守信兼侍卫都指挥使如故，其实兵权不在也。”可见众将罢宿卫时，侍卫都指挥使一职，已成为有名无实。《东都事略》卷十九《石守信传》：“建隆三年，请解军职，太祖许之。”以后侍卫都指挥使未见除授。

③ 《石林燕语》卷六。

④ 《宋史》卷一百六十六《职官志》。

⑤ 《宋会要辑稿》，第3册，第2688页，《职官十四》。

内外禁兵的招募、阅试、迁补、屯戍、赏罚、调发更戍、颁降兵符，大权都归枢密使。三衙的权柄虽重，但军政号令却出自枢密，彼此相互牵制，权力自然遭到减削。遇着有事出征，或者临时命将，或者匡胤自任主帅。事定之后，兵归宿卫，将还本职。① 所以北宋末李纲说：

> 在祖宗之时，枢密掌兵籍虎符，三衙管诸军，率臣主兵柄，各有分守。②

统兵将帅虽有握兵之重，而没有征发调遣之权；枢密使虽有发号施令之权，却没有统率指挥的责任；禁兵出外作战，又多临时指派将帅。彼此相互钳制，便于最高统治者从中驾驭。这样，最高军事机构长官，就不可能利用手里的权力，来实现他们的野心了。

---

① 匡胤发动战争，只有对付李筠和李重进的战役，石守信以侍卫副都指挥使出任主帅。第三次进攻北汉，党进以侍卫马军都指挥使出任主帅。三次中前两次都是匡胤亲征，直接指挥军事。其余用慕容延钊攻荆湖，王全斌攻后蜀，李继勋攻北汉，潘美攻南汉，曹彬攻江南，都不是以禁军将领身份出征，禁军将领只充任了副帅。

② 《宋史》卷一百六十二《职官志》。

改组禁军

为着加强中央政权的实力，扫除五代以来“兵骄将悍”的积习，在调整军事机构以外，更进一步从事整军工作。匡胤曾对大臣说：“晋、汉以来，卫士不下几十万，但可用的极少。”① 整顿的工作，第一步是：“案籍阅之，去其冗弱。”建隆元年（公元960年），他令殿前、侍卫两司，检阅所属军士，骁勇的拣选为“上军”，老弱的淘汰为“剩员”。剩员是匡胤特置的，用来容纳编余的老弱禁兵。

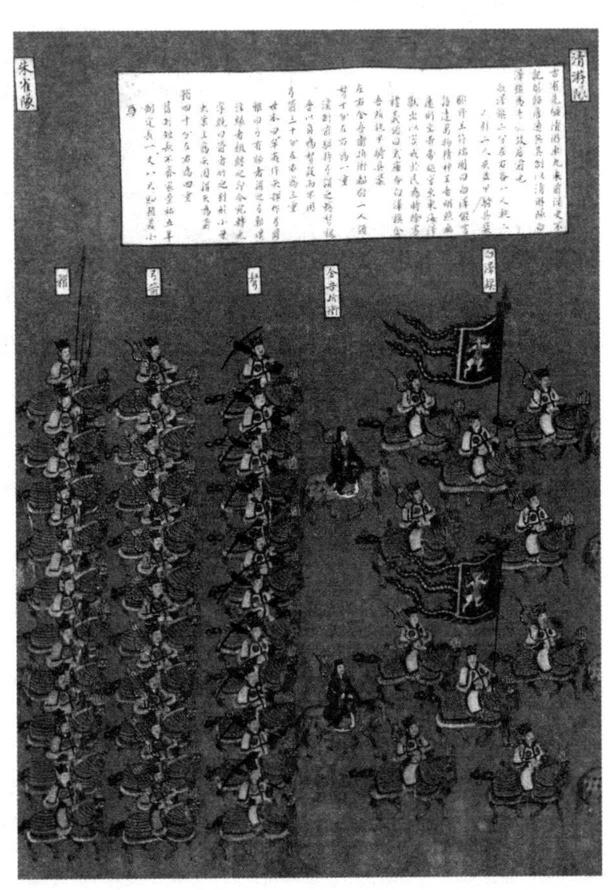

《大驾卤簿图》（局部）中，参加郊祀的宋朝禁军骑兵部队。

① 《续资治通鉴长编》卷三。

这些人实在已经失去战斗能力，主要做做掌符、看仓、守护、清洁等杂役。[①] 裁汰以后，跟着需要大量补充，来达到“萃精锐于京师”目的。乾德三年（公元965），命令各州的长吏，从部内选择骁勇兵卒，送入都城，来递补禁军缺额。标准的身材是琵琶腿（大腿粗壮）、车轴身（肩宽腰细）、高度适中，体力强健。为了做好这个工作，树立军士的合格标准，匡胤挑选一批健壮兵卒，分送各道作为兵样。后来又改用木棒，拿长短来分别等次，散给各道州军，委托长吏都监，代为召募训练，等到技艺纯熟，才部送入京。

到了京师，由军头司复验等第引对，然后分隶诸军。挑选其中材勇超绝的，补入诸班直。班直是最接近皇帝的卫兵，每次当递补时，都是匡胤亲自检阅，认为不合格的，就分配给他别的任务。[②] 班直中叫“御马直”的，人员挑选得最严格，往往在千百个禁兵中，只选上一二名。[③] 乾德年间，各道招募到禁兵，共计一万多人。匡胤将骑兵编成“骁雄”、步兵编成“雄武”等军，都隶属于侍卫司。此外，在合并各国的过程中，又吸收他们的精华：如在灭亡蜀国后，收编了一部分精锐，组成“奉议”“怀恩”等军。又拣到“材貌魁伟，熟习骑射”的，共一百二十名，组成“川班内殿直”。灭南汉后，也选精兵补入殿前司，编成“广德”军。南唐李从善入朝，所带的江南兵被留，也编成为“归圣”“新立归化”等军。后来江南亡国，一部降兵被吸收进去，作为补充的兵员。开宝三年（公元970年），又将契丹降附士兵，编入殿前司，名叫“契丹直”。[④]

初步选择严了，对提高禁兵质量就有了基础。但是，要使它成为一支战斗力强大的队伍，必须经过严格的训练。匡胤对于士兵的训练，始终是非常注意的。如上所说，各个“班直”卫士，是禁军里面力量最强部分。卫士来源，除经过召募或从各国收编以外，多数是在禁兵里选拔，从下军升入上军，上军再升入班直。入伍时由匡胤亲自阅试，编籍后又亲自督率训练。建隆三年（公元962年）开始，匡胤便常在讲武殿上，校阅禁兵操演。兵士们演习的时候，“刻木为箭镞，裹以毡罽，命强者两两相射，避

---

① 《文献通考》卷一百五十二。

② 以上叙述，根据《宋史》卷一百八十七《兵志》、《文献通考》卷一百五十二。

③ 《续资治通鉴长编》卷四。

④ 《宋史》卷一百八十一《兵志》。

即捶之，取其不避者。又以木梃为马挝，施韦鞘俾驰骑相击，取其尤胜者，各分等级以迁隶之，自是师旅皆精锐”[①]。南宋时代的吕祖谦，作《太祖皇帝阅武便殿颂》，用文学的辞藻，追记当时的情景道：[②]

> 至于三年，乃屈銮辂，御便殿而阅武。陛戟百重，彤廷如砥，扛鼎翘关之雄，落雕穿杨之技，彯缨鸣剑之锐，并效其能。……视其勇怯，以为殿最。赏春罚秋，风动营垒，用能东征西伐，显有丕功。一举而平荆湖，再举而平蜀汉，三举而平刘铱，四举而平李煜。兵锋所向，如雷如霆，如摧枯，如破竹，无不陨灭者，盖艺祖阅习之功，有以先之也。

虽然在措辞行文之间，看出来有许多浮夸的成分，但是禁军经过比较严格训练后，形成为一支强大的武装力量，为完成统一战争提供有利条件，这也是当时的事实。

平日军队过的生活，也养成刻苦耐劳的习惯。当时有这样一种规定，即在军队里面，衣帛食肉是被禁止的。营舍附近的商贩，如果售卖的是酒肴，就要遭到无情的驱逐。士兵当中，若有人不遵守禁约，穿着绘彩之类衣服，就要受到笞责。[③] 军营中领取粮食，也成为士兵锻炼的一个项目。驻扎城西的军营，偏要他们向城东的仓库请领；驻扎城东的，却教他们向城西请领；城南城北，也都是这样。兵士们挑负着军粮，来回要跑好几十里路，日子长久，可以“习其筋力，以戒其骄惰”[④]。经过各种训练以后，禁军就成为一支“以一当百”的劲旅。

一支强大的水军，现在也建立起来了。匡胤在合并荆南时，曾从当地军队中，选择了一批精通造船技术的人才，送至汴京，安插在造船务里。这个务隶属于侍卫司，同时又是教练水军的场所。匡胤召募几千个军人子弟，编成“水虎捷”军。又嫌造船务不能满足需要，便在京城的朱明门外，开凿一个大池，引蔡河水灌入池内，特造楼船一百搜，专供水军练习

---

① 《文献通考》卷一百五十七。

② 《东莱吕太史文集·外集》卷四。

③ 《宋史》卷二百八十五《贾昌朝传》。

④ 王应麟《玉海》卷一百三十九。

宋朝水军所用的楼船（摘自《武经总要》）

水战。这个新凿的水池，后来改名叫“讲武池”。匡胤经常亲到这里，检阅兵士们的演习，有时还亲自指导战法。开宝七年（公元 974 年）一个年头，因为准备和江南战争，亲自检阅水军操演的，前后五次以上。这一年十月，南征军出发，开封水军乘坐战舰，从东水门东下。匡胤一再去到迎春苑，登上汴水河堤，眼送这些船舰，解缆起航，陆续向前方进发。[①]

这支水军，在远征江南战争中，发挥了相当大的作用。但是训练水军的工作，并没有因为江南军事胜利而结束。有一次是在开宝九年四月，匡胤领着百官，到金明池看演习水战。大家同坐在水心殿上，观看战舰往来角逐。只见军士们鼓噪驰突，操演出回旋刺击的阵势。匡胤看得高兴，回顾左右侍臣说：“兵船在南方才用得着，现在江南已平，时常练习，可以不忘武功罢了。”以后至他的侄儿赵恒统治时代（宋真宗，公元 988—1022 年）还在遵守他的“遗训”，每年演习，没有停止。[②]

---

① 本段叙述，根据《宋史》卷一百八十七《兵志》，《续资治通鉴长编》卷四、卷十，《文献通考》卷一百五十八。

② 《文献通考》卷一百五十八。

五代时兵骄将悍，士兵不肯服从长官，甚至拥立将帅，劫掠横行。匡胤为了加强中央军事权力，要使军队成为集权专制政府的支柱；一方面为了缓和军民之间的矛盾，争取人民群众的支持，军风纪的整顿也是不容忽视的举措。首先，健全军队的组织性，严格阶级编制，使法制号令能顺利贯彻，就成为当时的关键了。司马光说："太祖申明军法，自押官以上，各有阶级，小有违犯，罪皆诛死。"① 可见他在这方面，是下过一番工夫的。其次，对于行军纪律，他也非常注意。从"陈桥兵变"开始，匡胤一再告诫官兵，在回京的时候，打破"夯市"的恶习。及至进攻后蜀，临出发前，匡胤诫谕众将："行营所至，毋得焚荡庐舍，殴掠吏民，开发丘坟，剪伐桑柘，违者以军法从事。"后来出兵江南，又嘱咐曹彬说："切勿暴掠生民，务广威信。"又说："城陷之日，慎无杀戮。""副将以下，不用命者斩之！"这都是他在长期混战之后，为了博取群众的同情，缓和人民对封建军阀的反抗情绪，不得不作出这些让步。

匡胤对"不用命"的将兵，处分往往是严厉的。建隆元年（公元960年），晋州钤辖荆罕儒进攻汾州，被北汉大将郝贵超领兵袭击，龙捷指挥石进德坐视不救，以致罕儒兵败身死。追究起责任来，违反军纪的二十九员部将，都被判处了死刑。② 三年，有个云捷军的逃卒，名唤李兴，私自刻造侍卫司的假印，被捕后便行正法。因为发现这案，匡胤下令搜索内外诸军，凡有"不逞之徒"，都给流配到登州沙门岛（今山东蓬莱西北）。到乾德四年（公元966年），类似的事件再次出现。这一年的闰八月，在殿前诸军中，搜索到无赖几十人，黥面流配到通州义丰监（今江苏南通）。③约和这个事件同时，京城里面，王继勋统领的雄武军，白日掠人妻女，街使禁止不听，匡胤闻报大怒，抓住了一百多个，立予斩首。小黄门阎承翰眼见不报，也被责打了几十板。④"川班内殿直"和"御马直"，一向所得待遇较好。开宝四年（公元971年）冬季，合祭天地大礼完毕，照例颁给赏赐。恰巧这时扈从左右的是御马直军士，匡胤每人多赏了五千钱，引起川班内殿直不满，竟聚众喧哗，击登闻鼓喊不平，要求"一体均沾"。匡

① 程大昌《演繁露续集》卷一。

② 《续资治通鉴长编》卷一。

③ 《宋会要辑稿》，第7册，第6743页，《刑法七》。

④ 《宋史》卷一百八十七《兵志》。

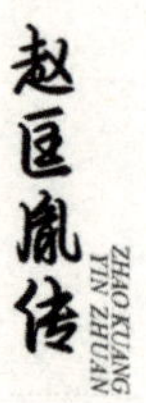

胤大怒，斩杀为首要挟的四十多人，军官分别杖责黜降，解散川班内殿直，将其余军士配隶许州（今河南许昌）骁捷军。①

内臣中有个左飞龙使李承进，曾做过后唐统治者李存勖的随从。一次匡胤问及他后唐时事说：“庄宗本以英武定中原，为什么享国不长久呢?”承进说：“庄宗好田猎，一味姑息将士，每次出近郊，禁兵卫卒必在马前诉说：‘二郎辈寒冷，望予救接!’庄宗马上随心所欲地给他们赏赐。威令不行，赏赉无节，所以招乱。”匡胤表示接受这个历史教训：“二十年来夹河战争，取得天下，却不能用军法约束，纵他们的无厌之求，这样统治真正儿戏。今天抚养士卒，朕虽不惜爵赏，如果犯法，只有给他一剑。”② 经过大力整顿，军队的组织性纪律性，逐渐纳上轨道。从过去的“兵骄逐帅，帅骄叛上”，变成为“上下相制，等级相轧，虽有暴戾恣睢，无所厝于其间”③。匡胤完成了禁军改组工作，使它成为一支精锐的武装队伍，有足够力量防止军阀割据的重演；同时，也强化了镇压人民、保卫国土的实力。

---

① 《续资治通鉴长编》卷十二。
② 同上。
③ 《文献通考》卷一百五十二。

“强干弱枝”政策

禁兵在和平时“列营京畿，以备宿卫”。同时也“分番屯戍，以捍边圉”①。把重兵布置在京城附近，是宋朝军事集权的一个重要手段。包拯曾经说过：“京师者，天下之本也，强本者畿兵耳。本固且强，繇中制外，则天下何患焉?”② 司马光也说：

> 太祖即纳韩王（赵普）之谋，数遣使者分诣诸道，选择精兵，凡其才力技艺有过人者，皆收补禁军，聚之京师，以备宿卫，厚其赐粮，居常躬自按阅训练，皆一以当百，诸镇皆自知兵力精锐，非京师之敌，莫敢有异心者，由我太祖能强干弱枝，制治于未乱故也。③

可见整编禁军和聚兵京畿，同是赵匡胤“强干弱枝”政策的主要内容。匡胤吸收历代统治者的经验，在统治基地附近，配置强大兵力，并且配合了其他的措施，把军事集权制度往前推进了一步。

禁军除却在京师宿卫，还轮流出外戍守。戍守的地区范围，包括从内地的州城，直到边区的要塞。戍守期间，一般由一年至二年，至多不超过三年。这就所谓“更戍法”。实行这种制度，一面是训练士卒刻苦耐劳，以免日久骄惰，即所谓“欲使往来道路，足以习劳苦；南北番戍，足以均劳佚”。同时，“所以劳苦其身，违离其妻子，使习于南北风土之异，而不得坐食于本营”。而更重要的是，一面有意识造成“兵不知将，将不知兵”

① 《宋史》卷一百八十七《兵志》。

② 《包孝肃奏议》卷八。

③ 《涑水记闻》卷一。

“兵无常帅，帅无常师”的局面，来割断军事和将帅间的联系，兵将分离后，军人失去实力的后盾，就不致“横猾难制”。在军队给养方面，又建立出外“就粮”的制度。这是因为京畿聚兵众多，运输感到困难，一部分营外地，便于就地廪食。所以说，“劳之则易使，散之则易养”①。不过这种就粮军，究竟为数是不多的。

中央和地方的驻兵，大体上按均衡配备力量的原则，内外兵员数额经常维持一定比例，这叫“内外相维”。北宋初期养兵二十二万，有十万多驻防京师，十万多分配在各道。这样京师兵力可以控制外道，便防止发生外来的变故；而各道兵力的总和，又和京师配备的力量相当，也杜绝了中央政权内部的骚乱。② 内外相制，没有轻重之患，对赵宋政权的稳定产生良好的影响。不但京师和各道这样，就是京师的内外也这样：京城内有亲卫诸兵，城外是“诸营列峙相望”，城内的兵和城外的兵互相牵制；合京城内外的兵力，又和府属畿县兵力相牵制。所以说是“内外相维，上下相制，若臂运指，如尾应首，靡不相资也”③。

匡胤说过，“抚养士卒，不吝爵赏，苟犯吾法，惟有剑耳”。这是约束士兵权力一个问题的两个方面。匡胤对替他效忠的将士，“有功”的都给以不次升擢。新制的《卒长转员条例》，用转资升级来钓饵官兵，表现出特别到家。有的军校从行伍出身，因为对主人报效了忠诚，不久就转迁团练使。他每次在便殿阅武，对于那些技术精高的，都优予转资，表示笼络，还可以“封叙父母妻子”④。总之，只要对他的政权有利，那么勋爵名位，他是不会有所吝啬的，真所谓“荣名崇品，悉以与之”了。

军队是北宋封建政权支柱之一，在各种名义下，适当地满足军士们的物质要求，也成为匡胤集权政策的一部分。三年一次的大祭祀，照例颁发赏赐。寒食、端午、冬至等节令，又有“特支”。出外戍边的，还加发各种钱物，有的增加“月俸”，有的按季加发银鞋，天寒或给棉袄棉袴，有的另给“装钱”。当时凡遣上军，都由军头司引对，匡胤赐给装钱，然后

① 以上叙述，根据《文献通考》卷一百五十二、卷一百五十三、卷一百五十六。
② 周煇《清波别志》卷上。
③ 王明清《挥麈余话》卷一。
④ 同上。

出发；戍守回来，匡胤也亲自接见，设备酒食，进行慰劳。①

赵匡胤（明人绘）

官兵们得到这样的待遇，主要视他们对皇朝效忠的程度来决定。一来用利禄来作钓饵，凡是按照统治阶级标准行事的，都有可能升官受赏，自然就不会做出不利于专制统治的勾当，像过去士兵们那样，为着贪图富贵而拥立皇帝了。二来北宋初年，士兵们承袭五代骄纵的旧习，一旦要求他们有所改变，匡胤就不能不对他们实行让步，限制了他们的权力，使他们从另一方面得到补偿。这和他对功臣宿将的手法，是如出一辙的。正因为这样，对于军队的组织性纪律性，所提出的严格要求，没有遇到什么反抗。军队的等级划分，是非常严峻的，“为一阶一级之法，动如行师，俾各伏其长”。于是“统驭施设，制度号令，人不敢慢”，即所谓“责之既严，则遇之亦优”了。此外，统领军队人员迅速转迁，也可以收到“兵将分离”的实效。不断地更易长官，使上下级之间，不能产生深厚的感情，带兵官就不能“拥兵自重”。一个长官接任，需要一定的时间来熟悉自己的环境。部下对于新来的上司，也须经过一番摸索，才能了解这位长官的脾气。等到双方熟悉，人事调动的命令跟着也来了。而且规定是，“命出之后一日，迁陟不得少留”②。五代时把持军权、拒不交代的风气，到此一扫而净。

诸州的镇兵，叫作“厢兵”。厢兵总领于侍卫司，归各州长官节制。为了削弱地方权力，赵匡胤在建立军制时，有意使它成为一个无足轻重的兵种。首先他从州兵中选拔壮勇的，来补充京师的禁旅，剩下的多半非老即弱，缺乏战斗能力，完全不值得重视。以后留在各地的厢兵，逐渐也就疏于训练，成为一种专门服役的兵。有的被派在皇家的军器库、弓弩院、

① 《宋史》卷一百九十四《兵志》，《文献通考》卷一百五十二。

② 以上叙述，根据《挥麈余话》卷一。

造作所、染院、绫锦院、修内司、牛马司等机构，从事手工业及其他劳动；有的分配在地方性的窑务、造船坊、作院、钱监、铁作、竹匠营、木匠营、马监……里，担任各式各样工作；有的被发遣去修治黄河，有时在本州修葺仓营城池，甚至挑负行李杂物，为新旧官员往来送迎。所以宋朝的厢兵，实际已经不务本业，成为有名无实的兵种。

从户籍中抽选壮丁，或召募人民组织而成的地方兵，叫作“乡兵”。乡兵编队训练后，主要是加强地方的防务。建隆四年（公元963年），匡胤沿袭后周制度，分命使臣前往关西道（今陕西、甘肃），调发乡兵驻防庆州（今甘肃庆阳）。开宝八年（公元975年），征发渭州（今甘肃隆德[①]东南）平凉、潘原两县壮丁，修治城濠。服役完毕，又将他们编练成兵，建立“保毅军弓箭手”，叫他们分镇戍寨，来充实边防。[②]

---

① 甘肃隆德，现为宁夏回族自治区固原市隆德县。——编者注

② 以上叙述，根据《宋史》卷一百八十九、卷一百九十《兵志》。

“养兵”政策和武器制造

军队里的主要兵源，出自召募。赵匡胤把军队的召募，发展为集权专制主义内容之一。宋初召募的对象，约有四种：一、召募人民就地编制；二、收编本军士兵子弟；三、召募饥民在当地补充；四、将犯罪囚徒配隶给役。值得注意的是第三种对象，召募饥饿人民当兵，被匡胤看作维护政权的重要手段，并且从这个时候开始，一直成为赵宋统治集团的传统政策。他曾对赵普说过：“吾家之事，唯养兵可为百代之利，盖凶年饥岁，有叛民而无叛兵，不幸乐岁变生，有叛兵而无叛民。”①这样宋朝的募兵制度，又成为它制止人民反抗的工具。每当凶年饥岁，官府便乘机召募饥民入伍，把挣扎在饥饿线上的贫苦农民大量吸收进官军队伍，这样使阶级矛盾暂时得到缓和，削弱了农民反抗的力量。

宋仁宗赵祯（1010－1063），宋朝第四任皇帝。他在位时，北宋国力达到全盛，史称“盛治”。然而，高度集权的政治体制的弊端日渐暴露，社会矛盾日益尖锐，北宋王朝危机重重。“养兵”政策过度推行导致禁军恶性膨胀，从而进一步导致的财政危机即为其一。

① 邵博《邵氏闻见后录》卷一。

即封建统治阶级所谓使“天下犷悍失职之徒，皆为良民之卫”①。或者说，“无赖不逞之人，既聚而为兵，有以制之，无敢为非。因取其力以卫养良民，使各安田里，所以太平之业定，而无叛民也”②。实质上通过这个政策，将反对统治阶级的对抗性矛盾，转化成为支持封建政权的力量。用这种手法来制止农民反抗，比较单纯采用军事镇压，阴险恶毒的程度，更是厉害百倍。以后他的继承者们，继续运用这种手法，到了赵祯（宋仁宗）统治时代（公元1023年—1063年），“养兵”政策进一步发展，农村里面竟出现这种现象：一遇天灾严重的年头，州郡官员手拿着尺，跑到乡村量度饥民，凡是高大强壮的，招去当禁兵；矮小瘦弱的，招去当厢兵。招得人多，官吏有赏。饥饿的农民受生活的煎迫，不得已投入军队去当兵。以致一场饥荒过去后，年轻力壮的人当兵去了，留在农村耕作的，只剩下一些老弱孱民罢了。③

宋朝的“火箭法”

军队改组以后，虽有精兵猛将，如果没有精良的武器，一支强大的中央军，仍旧很难建立起来。所以匡胤在即帝位后，对这方面就加以注意。在京师的军器作坊，制造出许多犀利的武器。规模最大的，是南、北两作坊和弓弩院。南、北作坊的制成品，有衣甲、兜鍪、马具、剑、枪、刀、箭靫、弓箭袋等，每年生产额约三万二千件。弓弩院制造各种弓、弩、箭、弦、镞等器械，年产一千六百五十多万件。在地方的各州，也有成立作院，制造军器的。“皆役工徒，限其常课。”每年生产黄桦、黑漆弓弩等约六百二十多万件。凡在京师制造的武器，逢到十天便“进呈”一次，匡胤亲自检验，叫做“旬课”。官府置备五个军器库，来专供贮藏用处。

当时所制军器，异常锐利。一次匡胤到郊外试演，其中一种远程射器，名唤床子弩，发出的箭，可射至七百步的距离。后来再制出一种千步弩，试验时可远射及三里。当时人就说，“戎具精致犀利，近代未有”。又有兵部令史冯继升等，新创火箭法，试验时十分成功，匡胤赏给他们许多

---

① 《宋史》卷一百九十三《兵志》。

② 朱弁《曲洧旧闻》卷九。

③ 《文献通考》卷一百五十二。

衣帛。火箭是用慢性燃烧的火药，缚在箭头上，用引线点着后，引弓弩发射出去，是一种新发明的武器。① 据说匡胤亲征李重进时，曾在扬州留下弓弩各千张，封锁在州衙的库房里，门上悬挂一面朱漆金字牌，上面写着“非有缓急，不得辄开”八个字。直至一百四十五年后，童贯带着官军，往浙江镇压方腊农民军起义，路过扬州，才焚香礼拜，打开库门，但见贮藏军器，完好如新。童贯令人试拉弓弦，觉得匡胤所制的弓，比较新造的，力大几倍。依靠这批精良武器，帮助官军取得军事优势，加速了起义军失败的进程。② 这个事实，充分地表明匡胤手定的军事集权制度，怎样在起着约束被剥削者的作用。

① 以上叙述，参考《宋史》卷一百九十七《兵志》、《文献通考》卷一百六十一。

② 《挥麈后录》卷一。

伍

“稍夺其权”与“制其钱谷”

收回地方行政权

这章标题上所引的，是赵普对匡胤所说的两句话。自从唐末直到五代，藩镇的事权太重。他们不但拥有雄厚的兵力，而且民、财等大政，全都总揽在一身。于是专制强横，不是中央政府所能够控驭。每当强藩移镇交代，事先得发遣重兵镇压，如临大敌一般。就算这样，也还不能保证他们的绝对服从。军人把持地方行政，发展成为封建割据；随着军阀统治带来的结果，各种苛虐酷敛，构成地方秩序紊乱、社会内部矛盾滋长的根源。虽然经过柴荣的统治，相对地削弱藩镇的权势，中央对地方的控制力量有了某种程度的增长；但是藩镇的专恣已经根深蒂固，直到赵宋政权建立后，他们或以异姓封王，或者配带相印，余威还在，积习未改。因此赵普认为节镇太重，建议“稍夺其权”，然后“天下自安”。

集中政治权力，是由多方面来进行的。比较重要的，首先是收回地方行政权，使它摆脱军人的控制。因为五代时州县政治，一向被武人把持，靠赋敛来充当战费。县令中有许多是“龌龊无能，以至昏老不任驱策者”。其结果是“天下之邑，率皆不治，甚者诛求刻剥，秽迹万状”[①]。匡胤见到这样，便改用文官出外知州，叫“权知军州事”。文官的任用，一方面借此收回行政大权，一方面是刷新地方官僚机构，来巩固北宋皇朝的统治。他说：“五代方镇残虐，民受其祸，朕今选儒臣干事者百余，分治大藩，纵皆贪浊，亦未及武臣一人也。”[②] 这一措施，是从乾德元年（公元963年）开始的。嗣后对于藩镇，“或因其卒，或因迁徙致仕，或因遥领他职，皆以文臣代之”[③]。这样就陆续派遣文官外出，代替军人掌握州郡行政。同

① 《宋朝事实》卷九。

② 《续资治通鉴长编》卷十三。

③ 《宋史纪事本末》卷二。

年，又开始遣京官带原衔出知外县，一方面纠正五代县政腐败的缺点；一方面选派强干人员做知县，使“专恣不法”的节度使知道有所顾忌。[①] 又因节度使不单拥有土地、人口，把持财赋来缮治甲兵，而且他们的辖境，往往是十分广大。这样匡胤合并荆湖，开始将新收各州直隶京师，允许长吏直接奏事，后来屯兵大县，也有直属京师的。[②] 这是赵炅太平兴国二年（公元977年）罢节镇所领支郡的先声。藩镇的势力，就遭到很大削弱。以后直至赵恒统治时代，撤罢藩镇的政策才算全部完成。以后节度使变成了虚名，知军州事的设置，逐渐成为地方行政的普遍制度。[③] 马端临说：

> 节度使在唐为阃帅，观察、团练使在唐为监司，防御使在唐为边将，刺史在唐为郡守。至宋则阃帅、监司、边将、郡守，各别有以名其官，而节度、承宣、观察、团练、防御、刺史则俱无职任，特以为武臣迁转之次第。[④]

知州[⑤]对一州的军、民、财政，事无不统。他的主要职责，有宣布和执行中央法令、征收赋税、安集流散、劝课农桑、考核官吏、审判狱讼等。匡胤唯恐知州职权太重，会危害集权专制主义，因此加上“权知”两字，让他们自以为“名若不正，任若不久”。产生这样的错觉后，可以堵塞他们盘踞专擅的野心，抑止地方势力的抬头。同时更明白规定，任期以三年为限，期限一满，便另调他职。[⑥] 这样更可以防止州官在地方生根，限制他们不能长久握有权力。

此外，在湖南平定后，就开始在诸州设置通判来分割知州的权力。在藩镇治理州郡中设置通判，对藩镇具有牵制的作用。因此通判官的增设，也是匡胤削弱藩镇的重要措施之一。通判在一州的地位很高，权力也大。他有权过问州的行政，而且直接对中央负责，有事可以专达，和知州分庭抗礼。大州通判多至两员，不满万户的小州不设，但如州官是个武人，那

① 《续资治通鉴长编》卷四。
② 《宋会要辑稿》，第4册，第3142页，《职官三十八》。
③ 参考聂崇岐《论宋太祖收兵权》（《燕京学报》，第34期）。
④ 《文献通考》卷五十九。
⑤ 权知军州事简称，下同。
⑥ 《宋会要辑稿》，第3册，第2366页，《职官一》。

要算是例外。初期派出的通判，常以“监州”自居，和知州忿争不息。常说：“我是监州，朝廷使我来监你！”州官的举动，自然受到他们的钳制。后来在乾德四年，有人对匡胤论及，以为通判的权力过大，容易引起混乱，主张稍加抑制。匡胤便下令说：“诸道州通判，无得怙权徇私，须与长吏连署，文移方许行下。”① 没有州官和通判的签署，命令就不能够去执行，这是利用他们的互相制约，来收到集权中央实效的。藩镇在他治理州郡中，同样也有通判的设置，这么一来，藩镇所有的权力也就大大削弱了。

北宋苏汉臣所绘《宋太祖蹴鞠图》（摹本）。自右起，分别是赵匡胤、党进、赵光义、石守信、楚昭辅，赵匡胤对面为赵普。

对于县级行政机构，匡胤也作了一番调整。五代以来，州县政府多被武人把持，节度使委派亲随做都虞候，驻在县里，即所谓“镇将”。和县令势均力敌，有事可以专达到州，县令反受钳制。甚至在节度州里，县令罢免吏胥，也要事先向节度关白。② 形成“事权旁落，县官失职”。为了矫正这种弊病，和州一级政府一样，也派遣京朝官出外知县，后来又令吏部选派幕职官出任，将强干人员下放到县，使地方军人不敢跋扈。此外，还改组了县级政府机构。建隆三年（十二月，公元963年1月），令每县复置县尉一员。过去，“盗贼”斗殴等讼事，完全被镇将把持着的，现在将事权交还县令和县尉；镇将权力，只限于县城以内，不能下达乡村。③ 从此县令真正成为一县长官，总理管内民政，平决讼狱，催收租税，劝课农

① 《续资治通鉴长编》卷七。

② 《东都事略》卷十九《王审琦传》。

③ 《续资治通鉴长编》卷三。

桑。主簿和县尉，一文一武，成为得力的助手。主簿掌出纳官物，销注簿册，实际上是县官的副贰。县尉管教练弓手，防止人民暴动。开宝三年（公元970年），颁布全国州县官员编制，按照户口比率，来规定人数的增减：①

公元970年颁布州县官员编制表

级别	户数	长官	曹官			备注
州级	20 000	刺史	录事参军	司法参军	司户参军	刺史或知州，下同
	20 000 -	刺史	录事参军	司法参军	——	司法兼司户
	10 000 -	刺史	——	司法参军	司户参军	司户兼录事
	5 000 -	刺史	——	——	司户参军	兼理录事、司法
县级	1 000 +	令	尉	主簿		令或知县，下同
	1 000 -	令	尉	——		令兼主簿
	400 -	—	尉	主簿		主簿兼令
	200 -	—	——	主簿		兼令、尉事

① 《续资治通鉴长编》卷十一。表中“-”符号表示不满之数，“+”表示超过之数，通判未列入表内。

改革中央官僚机构

地方政权归中央收揽，中央政府的权力，根据专制主义集权统治的要求，也应当由皇帝收揽。只有这样才能够使皇权巩固，防止臣下的专擅。而在中央政权内部，宰相统率百官，对政务事无不总，职权最重。他的事权过大，对皇权讲来，构成为一种威胁。因此，在改革中央官僚机构时，就要将重点放在相权的削弱上。赵匡胤在这方面，是采用了分割权力的办法。

宋初仍以“同中书门下平章事”为宰相，特设“参知政事”来作副贰。副相的设置，是在乾德二年（964 年），当时用薛居正、吕余庆参知政事，规定他们不用押班知印，不升政事堂，不参预奏事。后来才因宰相赵普专权太过，从开宝六年起，令参知政事也升政事堂，和宰相共同议事；嗣后押班、知印、奏事和祭祀行香，都和宰相轮流充任，副相地位大大提高，宰相的权力遭到削弱。①

从前宰相见皇帝奏事，还可以有他的座位，遇着商量重大国政，更从容赐茶然后退出。匡胤刚建立政权的第二天，宰相范质上殿奏事，匡胤照例叫他坐着。但当范质开始向他奏事时，匡胤说：“朕目昏，持文字近前！”范质便离开自己座位，走近御榻旁边。匡胤暗中吩咐宦官，把宰相的座位撤去。从此宰相进见，只是站着和皇帝说话，偶有赐给座位的，那就成为特殊待遇了。宰相地位的低落，由这个戏剧性的故事便可以看到。②

其他一些官僚机构，也在侵夺宰相的权力。枢密院的长官枢密使，五代时权力最重。后唐的郭崇韬、安重诲，后晋的桑维翰，后汉的郭威，当

① 《续资治通鉴长编》卷十四。

② 《闻见近录》。

宋朝前期宰相所用的“中书门下之印”。中书门下是当时宰相的官署名称。

他们做枢密使时，权力都在宰相之上，仿佛是“宰相之外复有宰相，三省之外复有一省”①。北宋建立后，才将这个机构改组，使它分夺宰相一部权力。这时枢密使职权，在于掌握全国兵政，凡军国机务、兵防、边备、戎马等政令，都由枢密使居中主持，和宰相对持文、武二柄，号称“二府”。每逢上朝奏事，两府先后不在同时上殿，所说的话，各不相知。匡胤就在听取异同当中，了解实在情况。最高统治者随时掌握主动，任何专擅和诡诈，只好“退避三舍”。② 三司原来是旧有官职，包括盐铁、度支、户部三使，总称三司使。宋初利用它来分割宰相的财权，主持国家的财政大计，平衡岁收和支出，叫做“计省”。又因为它的地位仅次于宰相，所以被称为“计相”。枢密和三司都设副使，作用在于减削正使的权力。此外，自从建隆以来，匡胤就树立起“不罪言者”的传统，提高台谏官的地位，使他们随时随事，都可以弹劾执政。经过这些改革，本来“事无不统”的宰相，只剩下不大的行政权力；相反的因为相权分散了，皇帝就更可以高高在上，总揽其成。

整个官僚机构，有一套“防微杜渐”的办法。总的目的，在使内外百官理事，名实混淆，因而不能利用官位，来达到专擅的野心。例如中央政府的三省、六曹、二十四司等职，如果不是特别奉敕，却不管本司职事；所有这些机构的公事，都改用其他官员主判。于是中书令、侍中、尚书令等大官僚，地位虽高，但无权参预朝政。侍郎和给事中，不领本省职事；司谏、正言如果不是奉特旨供职，也不过问谏诤的事。凡台、省、寺、监，一律是官无定员，员无专职。“至于仆射、尚书、丞、郎、员外，居其官不知其职者，十常八九。”当时的制度，有“官”“职”和“差遣”的区分。“官”是官员品位禄秩的一种标识，没有实际的权力，也不用到

---

① 《文献通考》卷五十八。

② 《挥麈后录》卷一。

这个衙门去办事。“职”是给予“文学才华”之士以翰林学士院和殿阁学士等职，经常侍从在皇帝身边，撰述各种诏令和备出入顾问，被当作是“清高”之选。一般士大夫，往往是求之不得的。

只有“差遣”才是官员的实职，即所谓“别为差遣，以治内外之事”[①]。从中央到地方，各级官僚，没有例外。比如中书令、侍中都是官，必须分别带着“同中书门下平章事”或“参知政事”等差遣，才实际担任宰相和副相职务。这种制度的作用，就是要用“官职分离”“名实不一”的手段，来达到中央集权的目的。一切官员根据差遣管事，就会感到“名若不正，任若不久”，容易产生这样的错觉，认为差遣不过临时性质，难得长久掌握权力，要想利用职权来危害专制统治，终究是枉费心机的。于是赵宋整个官僚机构，就遭到很大削弱了。

① 以上叙述，根据《宋史》卷一百六十一《职官志》序。

集中财权

造成藩镇尾大不掉的原因，除了藩镇拥有军、民大权外，还因为他们把持了地方财政。五代时期，各地税收场院，都被藩镇把持。他们擅自加重剥削，用来中饱私囊。有的税收本来直接隶属三司的，也委派了亲信大吏，前往监临，额输以外，攘夺归已。或在农民所缴税额外，公然勒索“余羡”，充作“贡奉”，来讨好皇帝，要挟“恩赏”。北宋建立后，各地官员入京，还是遵守这种旧规，都有所谓“贡奉”，美其名曰为帮助军费，其实也就是一种分赃。赵宋最高统治集团认识到财权外溢的危机，所以赵普有“制其钱谷”的建议。南宋时的叶适也说：“太祖之制诸镇，以执其财用之权为最急。”[①] 可以说明赵匡胤等对这个问题的重视。

对地方财政加强控制，自建隆以来便已开始。二年（公元 961 年）符彦卿镇守天雄军，沿着五代陋习，公然在地方索取“余羡”，残酷地掊剥人民，匡胤听说，立即从“常参官”里面，派人前去分管这事，这是中央派遣人员分领税务的开始。[②] 大约和这同时，匡胤亲见五代以来，各处税收场务，“多是藩镇差牙校，不立程课法式，公肆诛剥，全无谁何，百姓不胜其弊”。因此特置场务监官，派遣京朝官出外监临，于是“制度一新，利归公上”[③]。这是监当官设置的开始。到了乾德二年（公元 964 年），匡胤诏令各州：“自今每岁受民租及管榷之课，除支度给用外，凡缗帛之类，悉辇送京师。官乏车牛者，僦于民以充用。”明年，又重申前令说：“诸州度支经费外，凡金帛以助军实，悉送都下，无得

① 《水心集》卷四。
② 《续资治通鉴长编》卷二。
③ 《曲洧旧闻》卷一。

占留。”① 要州县将赋税收入，除去必要开支外，其属于货币和布帛部分，全部输送京师，对于地方财政的控制，又加强了一步。匡胤特自设立左藏库，来贮蓄各地上缴的钱帛。这也是一项重大的改革。

藩镇放弃财政大权，并不是没有代价的。和收回兵权一样，匡胤是给予藩镇某些特权，然后换取他们服从的。王巩这样记载说：

南宋初年绘制、清人重绘的《耕织图》。男耕女织是中国古代理想的小农经济图景，但是五代时期兵荒马乱、征敛繁重，人民很难过上这种生活。集中财权的政策不仅能够削弱地方势力、加强中央集权，也有助于统一赋役制度，能够有效缓解人民的经济压力。

> 太祖即位，患方镇犹习故常，取于民无节，而意多跋扈。一日，召便殿赐饮款曲，因问诸方镇：“尔在本镇，除奉公上之外，岁得自用，为钱几何？”方镇具陈之。上喻之曰：“我以钱代租税之入，以助尔私，尔辈归朝，日与朕相宴乐何如？”方镇再拜。即诏给侯伯随使公使钱，虽在京亦听半给。州县租赋悉归公上，民无苛敛之患。至今侯伯尚给公使钱以此也。②

从乾德三年开始，北宋开始设置转运使，叫他们分出各道，掌管各地财政。而在州的一级机构里，也专委通判来主管钱谷。无论节度、防御、

① 《续资治通鉴长编》卷五、卷六。
② 《闻见近录》。

团练、观察使和刺史，都不参预签书钱谷的事。以前藩镇凭借雄厚的财力，坐养重兵来对抗朝廷，这种机会，以后根本不可能再有了。自从设置了转运使，各种条禁文簿，渐次精密。每逢州的通判到任，必定亲自检阅帐籍，清点登记官物，以防吏员舞弊。主管仓库人员，三年一任，任满调职，避免日久发生弊端。凡市征、地课、盐麴等税，通判、兵马都监和县令并须亲自监收，按月造册报告三司，秩满考核成绩，作为升黜的根据。如果发觉有诈冒欺隐，便依法律严厉惩处。①

① 《宋史》卷一百七十九《食货志》。

集中司法权

在收回司法权方面，赵匡胤也作了相应的措施。五代藩镇跋扈，各州置有马步院，用牙校充马步军都虞候判官，夺取了司法大权。藩镇专横好杀，牙校也轻视人命，常常枉法杀人，既不关报朝廷，而朝廷也无可奈何，终于不敢过问。① 匡胤建立北宋后，从各方面来削弱藩镇权力。这时，诸州有了司法参军，管理一州的刑政，这样藩镇手里的司法权，就开始被收夺过来。五代时期，刑狱常多冤滥，京师和州府判决死刑，不再遵守复奏规定；有时中央赦宥的命令下来，而“罪犯”已经被处决，不能起死回生。② 为了革除这种弊端，加强司法权的控制，匡胤恢复死刑复奏的制度。建隆三年（公元962年），他对宰相说：“五代诸侯跋扈，有枉法杀人的，朝廷不去过问。人命至重，姑悉藩镇，应这样吗？自今诸州决大辟，录案闻奏，付给刑部复视。”③ 以后在开宝三年（公元970年），又重申前令说：“诸道州府，应大辟罪决讫录其案，朱书格律、断辞、禁仪、日月、官典、姓名以闻，委刑部复视。”④

建隆三年，令录事参军伙同司法断狱，这可说是对司法人员分化事权的手段。在中央官僚机构中，这种情况也是存在着的：一方面有“掌刑法、狱讼、奏谳、赦宥、叙复之事”的刑部；一方面又有“掌断天下奏狱”的大理寺。又怕刑部和大理寺用法“不当”，于是又别置审刑院，“详谳大理所断案牍而奏之”⑤。刑部和大理寺的官员，任职以三周年为期，期

① 柯维琪《宋史新编》卷三十八《职官志》，王林《燕翼诒谋录》卷一。
② 《五代会要》卷十。
③ 《宋史》卷三《太祖纪》。
④ 《文献通考》卷一百七十。
⑤ 《宋史》卷一百六十三、卷一百六十五《职官志》。

复原后的开封府衙。在北宋的司法系统中，开封府实际上也行使着部分中央审判机关的职权。

满日便与转官。这也是防止司法官久任，容易导致为非作歹的用意。[①] 开宝六年，为了进一步集权中央，肃清藩镇的残余影响，在州府曹官里，增设司寇参军，分夺了司法参军一部权力。司寇参军一职，规定用进士、九经及第人充任。此后司法专掌议法断刑，司寇专掌讼狱勘鞫。[②] 将断刑和勘鞫划分开，重大案件有刑部、大理寺的控制，通过这些措施，中央就把司法权切实掌握。此外，对那些违法越权的官吏，不惜予以重重惩戒。例如曾做蕲州通判的杨士达，因鞫狱滥杀被处死刑。金州防御使仇超等，坐故入人死罪，除名流配海岛。[③] 经过一番整顿后，司法人员也就"人知奉法"了。

---

① 《宋会要辑稿》，第3册，第2713页，《职官》十五。

② 《宋史新编》卷三十八《职官志》，《宋史》卷一百六十三《职官志》。

③ 《续资治通鉴长编》卷九，《文献通考》卷一百七十。

加强专制整顿内部

巡缉与窥伺

做到以上的改革，在制度上防止分裂割据的重演，获得了有效保证。但是，赵匡胤所建立起的政权，是代表封建地主阶级利益的。它的存在，是以保护少数剥削者为内部职能的。统治阶级对人民进行奴役，随意吮吸人民的膏血，就必然引起广大人民的愤怒。同时，赵匡胤夺取后周政权，是依靠阴谋诡计成功的，因此后周的残余势力，不是一时可以全部肃清。他们有的起来公开反抗，有的在暴力下面暂时转化成为潜伏的矛盾，等候机会发作。所以自宋初以来，各地反对统治阶级的斗争，不断在爆发；打着后周旗帜的军人实力派，也时常蠢蠢欲动。这样，匡胤已经夺取到手的政权，必须从多方面设法保障巩固。为求达到这个目的，他必然要对人民进行镇压，并且排除异己分子。从当时赵宋统治集团讲来，他们的施政方针，侧重防范于未然，致治于未乱，那就成为亟待解决的问题了。匡胤在这方面，吸收过去统治者运用过的手法，派遣一些秘密使者，执行巡缉窥伺的任务。连统治集团内部的文臣武将，也在侦察和监视之列。

从建国时候起，就有许多亲信军校被派出外“探事”。在这种特务性质人员严密监视下，后周分子颠覆政权活动，果然被匡胤先后压服。例如节度使中，驻在真定（今河北正定）的郭崇，听说匡胤做了皇帝，内心常感愤懑不平，以至激动痛哭，监军陈思诲遣密使报告：“常山近契丹，崇怀怨望，宜早为之所。”匡胤知道后，立即派人前往侦察，郭崇就不敢轻举妄动，匡胤这才放下了一桩心事。

驻在陕州（今河南陕县）的袁彦，听说北宋建立，日夜缮甲治兵，野心日益暴露。匡胤怕他真个起来反抗，特命潘美前往监视，袁彦眼看形势不妙，迫不得已，只好束装归朝，一场风波，这才平息。

驻在蒲州（今山西永济）的杨承信，暗中准备武装叛乱，匡胤派魏丕

出使，用致送生日礼物名义，秘密侦察他的行动，承信被迫忍耐，不敢公开爆发。

驻在晋州（今山西临汾）的杨庭璋，是郭威妃子的弟弟，李筠起兵反宋，曾邀约过庭璋共同行动，庭璋没有答应。但是匡胤对他还是放心不下，特命荆罕儒做晋州兵马钤辖，事实上叫他前往监视庭璋。罕儒每入节度使府，便令随从佩带刀剑，有意向他示威；直至后来匡胤迫令庭璋入朝，这才结束了这一幕。①

京城里大街小巷，随处散布着这种特殊人物。他们当中，最著名的是军校史珪。史珪的发迹历史，就是因为匡胤初即位时，利用他去侦察外间动静，史珪侦得几件事，都案验属实。可见被他迫害过的人，已经不在少数。从此他的“官运亨通”，简直是“扶摇直上”。很快就累迁马军都军头，领毅州刺史。这时态度愈加粗暴，擅作起威福来。他的许多爪牙，分布京城地面，四出作恶。他们暗中侦察商人行动，遇有曾经收购官物的，都用“欺妄”罪名来陷害。承办官员为着讨好主子，露出统治阶级凶狠的面目，竟屠杀了不少商人，激起商人的公愤，全城商店实行罢市，表示抗议。匡胤被迫无奈，只得宣布让步，“自今日已前应有买著系省物色，偷谩官钱者并特与免罪，不许论讼。如是有人更敢言告，以其罪罪之”②。

类似史珪那样人物，四出活动的不止一个，另有一人名唤周广的，也是很活跃的分子，在匡胤统治时期，经常被派侦察外事。由于他尽力替主子效忠，很快便从都头累迁至右领军卫大将军。③ 在这批鹰犬的煽动下，凡被认为对皇朝不忠实的臣民，都要遭受迫害。而且他们的分布范围，是遍及于各地的。匡胤甚至连“每边阃之事，纤悉必知”④。

对于占有地位的高级官僚，匡胤更是放心不下，除侦察监视以外，还经常亲自出外，改作普通人打扮，暗中进行查访。他私访的对象，首先就是那些勋旧大臣。因为在他的心目中，这批人员危险性最大，最值得注意。如果对他们麻痹大意，疏于防范，他们就随时有利用势力地位，来推翻这个新创皇朝的危险。同时还有另一重大目标，即所谓“阴察群情向

---

① 本段叙述，根据《续资治通鉴长编》卷一。
② 见《宋会要辑稿》第6册，第5448页，《食货三十七》。
③ 《续资治通鉴长编》卷十五。
④ 《玉壶清话》卷六。

背”，这种“微行”，对于镇压人民方面，也能尽一些作用的。匡胤微行的次数很多，“或过功臣之家，不可测”。据说赵普每当朝罢归来，总是穿着得齐齐整整，不敢随便更衣，怕的是无论在什么时候，皇帝都有来到的可能。有一个冬天的晚上，开封城上飘着大雪，赵普心里在想，天气那么寒冷，皇帝总该不会出来了。不料隔不了许久，就听见叩门的声音。赵普觉得奇怪，连忙赶到门外，看见站在那里的不是别人，正是匡胤，急忙惶恐迎拜。[①] 在上层统治集团中，有人曾经反对匡胤这种活动，以恐怕发生“意外”为由，劝他停止微行外出。但是，匡胤为了达到上述目的，坚决不肯放弃。还吹嘘着他的做皇帝是上应“天命”，采取这种微行的办法是必要的。

> 受禅之初，颇好微行，或谏其轻出。曰：“帝王之兴，自有天命。周世宗见诸将方面大耳者皆杀之，我终日侍侧，不能害也。”既而微行愈数。有谏，辄语之曰：“有天命者任自为之，不汝禁也。”[②]

瓷枕上的《雪夜访普》画

① 以上叙述，根据《续资治通鉴长编》卷九。
② 《宋史》卷三《太祖纪》。

由于侦察得严紧，使他对文武官僚的举动，能够了如指掌。例如宋军灭蜀之后，将领们贪黩货财、破坏军纪的罪恶，远在班师之前，早已被匡胤侦悉，以致王仁赡之流，到班师回京的时候，不得不只好叩头认罪。这样，企图危害北宋政权的阴谋家，也只得暂时敛迹了。

防范和禁约

封建地主阶级国家，为了镇压和钳制被剥削阶级，有一套维护本阶级利益的刑章，即所谓“用重典以绳奸慝”①。此外，还随意颁布各种法令，来进一步加强对劳动人民的防范，制止任何反抗活动的爆发。

当赵匡胤阴谋夺取政权时，曾经利用过符命迷信，来欺骗广大的人民。等到篡夺成功，回过头来，就要提防别人拿同样手段来对付自己。而且图谶一类胡说，经过五代野心家的提倡，在社会上已经广泛流传着，正是“王侯崛起，人有幸心，故其学益炽”②。如果不加禁止，对于那些心怀莫测的野心家，岂非大开方便之门？所以在即帝位以后，就要转过来禁止谶书了。他一面宣布：“禁元象器物、天文图谶、七曜历、太一、雷公、六壬、遁甲等，不得藏于私家。有者并送官。”一面还禁止和尚、道士私习天文地理。违反禁例的，往往被处罚极刑。曾做通事舍人的宋惟忠，就因“私习天文，妖言利害”，被他弟弟告发，被匡胤所杀。③ 平民受到迫害的，自然更多，原因是有大量的图谶仍在民间流行，不是一下子就可以禁绝。

人民收藏图谶，和封建官僚、军人野心家的意图，绝不是一样的。他们在地主阶级严密监视下，经常采取宗教迷信方式，来进行对封建统治阶级的反抗。这自然也是统治阶级所“深恶痛绝”的。不过，只要阶级矛盾深刻存在，人民的反抗意识，绝不会被一纸禁令所吓倒。正因这样，匡胤只得另行想出一个应对的诡计，搜集了许多旧有图谶，故意将内容颠倒错乱，抄写约一百本，参杂流传到外边，使它真假莫辨。社会上流行的伪本

① 《宋史》卷一百九十九《刑法志》序。

② 岳珂《桯史》卷一。

③ 《续资治通鉴长编》卷十三、卷十六。

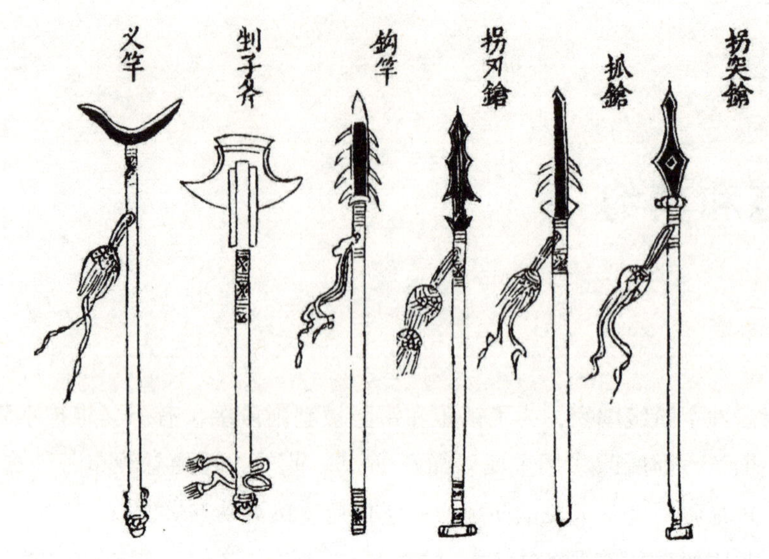

《武经总要》中绘录的宋朝常见兵器

很多，收藏的风气逐渐稍有改变。不过直至匡胤去世，图谶依然暗中流行着。①

人民私藏武器，对一个专制君主来说，总觉得这是政权的一种威胁，自然极端不表欢迎。匡胤在开宝三年（公元970）下令“禁京城民家不得蓄兵器”②，原因也正是这样。明年，河东有大批人民迁移内地，又下令“禁河东诸州民徙内郡者私蓄兵器”。又在《刑统》里明文规定，凡弓、箭、刀、楯、短矛以外的，概称为禁兵器，禁兵器不得私有，犯者治罪。③连带入伍当兵的，也不得私自持有兵器，否则也被认为很危险。所以在禁止京城人民贮藏武器的同时，又令：“军士素能自备技击之器者，寄掌于本军之司，俟出征陈牒以请。”只有官僚分子，因为同是剥削阶级的上层，在统治阶级内部，于对付农民反抗问题上，利害是一致的。为了加强弹压被剥削者的力量，特准他们置备兵器，即所谓作为“御盗”之用了。④

当政权还未完全稳固时，某些群众性的集会，是人民所踊跃参加的，

① 《程史》卷一。

② 《续资治通鉴长编》卷十一、卷十二。

③ 《宋刑统》卷十六。

④ 《文献通考》卷一百六十一。

在专制独裁者的眼睛里，也构成对中央集权国家的威胁。匡胤夺取帝位以来，颁布了许多这类的禁令，大抵都和这个原因有关。下面不妨略举几个例证:[1]

乾德元年（公元963年）四月，禁湖南竞渡。（当时湖南新复。）

乾德三年四月，令京城夜漏未及三鼓，不得禁止行人。（反映当时宵禁的情况。）

乾德五年四月，禁民赛神为竞渡戏，及作祭青天白衣会，吏谨捕之。

开宝四年（公元971年）十一月，禁军民男女结义社。

开宝五年九月，禁西川民敛钱结社及竞渡。

开宝六年四月，禁灌顶水陆道场。

《刑统》:“诸造祆书及祆言者绞，传用以惑众者亦如之。其不满众者流三千里，言理无害者杖六十。”

这一系列的禁令，在某种程度上，帮助了赵宋统治集团，约束了被剥削者。于是在这个集团的势力巩固以后，就更加能够猖狂地残酷剥削人民了。

① 下例俱见《续资治通鉴长编》，又《宋刑统》卷十八。

对反抗者的武装镇压

统治阶级虽然想尽一切办法，但因这个政权的存在，根本是代表着地主阶级利益的，它和广大劳动人民之间，存在着不可调和的矛盾。随着这种矛盾的尖锐化，终于迫使人民起来反抗。特别因为北宋上层统治集团，忽视了当时一个重要的社会问题，即是农民的土地问题，有大量劳动人民无地可种，匡胤不但没有什么解决措施，并且鼓励官僚地主从事兼并，助长了国内阶级矛盾的发展。一方面在五代混乱期中，结寨屯聚的破产失业农民，有的还在继续和官军对抗。部分跋扈难制的士兵，往往和他们互相联结，酿成武装暴动。匡胤统治时期，各地时发时止的小股农民军，也就是这样形成的。如果任由局面发展下去，对于皇朝的巩固，自然十分不利。所以统治集团的对策，是镇压不遗余力。因为这些起义的规模小，组织散漫，没有远大的计划，也无所谓政纲，以致斗争就不能支持多久，迅速被统治阶级武装扑灭。

宋初较大规模的武装反抗，首先要推义武节度使孙行友。他率领的一支队伍，和后晋时定州（今河北定县①）狼山的农民起义军，有着历史的深切关系。狼山在定州西北二百里，山上有一所佛舍，初时住着尼姑孙深意，用宗教宣传来组织群众，即所谓“以香火之教聚其徒”。遇着契丹不时寇边，农民纷纷入山避难，深意将他们组织起来，在那里筑堡自守，一方面又和封建地主阶级对抗。远近的人，团聚渐多。深意死后，同姓孙方简和弟弟孙行友，继承她的衣钵，“因以其术然香灯，聚民渐众”。他们不饮酒，不吃肉，“称深意坐化，严饰事之如生”。这时后晋已经和契丹决裂，北方边区，赋役繁重，到处有人结聚起义。于是逃税欠税的农民，都

① 河北定县，今河北省定州市。——编者注

拥护方简做领袖，一些“乡里豪健者”，也随方简入山，据寺为寨。这支农民起义军，既反对地主阶级的残酷剥削，又抵抗契丹侵略者的入犯。契丹入寇，方简率众邀击，获得一些甲兵、牛马、军资，人们带家属来依附的更多。

不久，方简和行友都背叛了农民起义的事业，受到统治阶级官爵的诱饵，竟然向后晋政权变节投降。此后就在后晋和契丹之间，玩弄两面手法来自固。宋初行友驻守定州，这时仍在狼山坚持起义的农民，势力正在不断增长，官方所谓“狼山佛舍妖妄愈甚，众趋之不可禁”。这是统治阶级的一种污蔑。作为赵宋节度的孙行友，利用起义军叛徒的身份，挟持狼山起义群众的声威，来作自己的政治资本。正值匡胤削夺藩镇大权，行友内心渐觉不安，屡次上表请求解官，没有得到匡胤允准。建隆二年（公元961年），便搬走物资，召集壮丁，缮治兵甲，想回狼山搞“独立王国”。他的阴谋很快就被戳穿了。兵马都监药继能，把这消息秘密告诉赵匡胤，匡胤就派阁门副使武怀节，会同赵州（今河北赵县）镇兵，假说巡边，其实是直入定州城。行友仓促之间，已经来不及防备，没法抵抗，只得服从命令，举族入朝。官军乘胜进入狼山，捣毁了狼山佛舍，起义领袖孙深意尸骨被劫至开封焚毁，起义的群众被迫解散。①

乾德三年（公元965年）灭蜀后，西川有全师雄领导的兵士哗变。这次兵变原因，是由反对迫害所引起，而且又和农民的反压迫运动相结合。整个斗争坚持了将近两年，方才被镇压下去。事实经过大略这样：西川当孟蜀统治晚期，已经出现很多所谓“亡命”的“群盗”。及至宋军进入成都，大将王全斌、崔彦进、王仁赡等，日夜宴饮，不恤军务。这时军队里面劫掠的余风未息，见主将不加约束，便肆无忌惮，为非作歹。有的强抢民家子女，有的到处劫夺财货。受到迫害的人民，纷纷起来反抗。本年二月，后蜀军校上官进，首先发难，组织“亡命”三千多人，再加几万农民，连夜进攻梓州城（今四川三台）。起义的人数虽多，但都缺少武器，各人手执木棒竹竿，英勇地和官军作战。结果未到天亮，就被军官打败，上官进被俘遇害。

① 以上叙述，根据《旧五代史》卷一百二十五《孙方谏传》、《宋史》卷二百五十三《孙行友传》、《宋史纪事本末》卷二十八。

三月，兵变爆发。受尽官军凌辱的人民，争先恐后地加入反抗者的队伍。这次兵变，以后蜀降兵构成主体。蜀兵的怨愤，主要是不堪北宋军人的残暴压迫，王全斌克扣发遣赴京蜀兵服装钱，成为事变发生的导火线。他们推举全师雄作领袖，攻陷彭州（今四川彭县①）。师雄称兴蜀大王，四川的农民争着响应。崔彦进等分道出兵进攻，都被师雄战败。邛、蜀等十六州和成都属县，纷纷加入反抗者阵营。全斌等大惧，竟暴露出剥削者的狰狞面目，尽杀成都城里降兵二万七千人。匡胤再命丁德裕入川支援，用康延泽做东川七州招安巡检使，依靠刘光义、曹彬的力量，才扭转了屡败的形势。直至乾德四年十二月（公元967年1月），统治者最后把兵变镇压下去，切实巩固了对两川的占领。②

大约和西川兵变被镇压的同时，汴京城里一个起义组织，不幸被统治阶级破坏了。这桩事件的暴露，恐怕要“归功”于匡胤饲养的那批“特务”了。这个组织的领袖张龙儿，用宗教形式来组织反抗封建统治者的集团，密谋起义。集团的成员，包括卫士杨密、百姓王裕等。未及发动，就被走漏了消息。龙儿等二十四人，被官府逮捕了去，诬蔑为“妖人”落案，全体惨遭杀害。匡胤等还不满足，竟将龙儿和杨密等几人族诛。③岭南地区，于开宝四年（公元971年）并入北宋版图。从刘铱统治时便结聚起义的农民，和南汉残余势力相结合，两年间不断出没沿海一带，反抗他们的新统治者。如南汉旧官僚乐范、土豪周思琼，各“聚众负海为乱”，但都被北宋将官尹崇珂领兵击破。又有容州（今广西容县）、白州（今广西博白）、廉州（今广东合浦）等处农民，和海门监盐户庞崇等、融州（今广西融安南）修河卒先后起义，但被监军赵令镕等镇压下去。军士暴动的，有崖州（今广东崖县④）牙校陆昌图，烧劫州城和官署。静江（今广西桂林）军士百余人在城中鼓噪，和城外的起义农民响应。为了稳定岭南统治秩序，宋朝特派曹光实做诸州都巡检使。光实一到任所，立即暴露出凶恶面目，对那些起来反抗的人民，实行无情的屠杀，起义军被残酷地

① 四川彭县，现为四川省彭州市。——编者注

② 以上叙述，根据《续资治通鉴长编》卷六、《宋史纪事本末》卷四。

③ 《续资治通鉴长编》卷七。

④ 广东崖县，现为海南省三亚市。——编者注

镇压，北宋皇朝在岭南的统治，这才逐渐巩固。[①]

开宝六年，川东有“妖贼”李仙起义，爆发的地点是在渠州（今渠县)。他用宗教形式进行活动，很快就发展到一万人，果（今南充北）、合(今合川[②])、渝（今重庆[③])、涪（今涪陵[④]）四州农民，纷纷响应，参加人数很多。这年正月，李仙领导起义农民，进攻广安军（今广安[⑤]北)，权知军事朱昂使用诡计，李仙不慎被俘。朱昂又采用分化政策，来瓦解农民起义军内部，宣布果、合四州的起义农民，一律不加追究，因而就起了镇压的反动作用。[⑥] 此外，在赵匡胤统治的末期，关中地区，“群盗”蜂起，攻占郡邑。其中一股有马四十匹，声言要攻破富平城（今陕西富平东北)，杀尽当地的豪强富室。富平地主阶级起了恐慌，联合起来向官府告急。同州巡检侯舍人，一向惯与人民为敌，亲自带领军队，在富平城西邀截。农民起义军战败，急忙撤退，舍人“纵兵击之，俘斩殆尽”。一部分农民撤至别州，又被官军俘虏。[⑦] 诸如此类的军、民暴动，十几年间没有间断。说明北宋国内阶级矛盾，自始即已暴露。由于匡胤强化中央集权专制制度，大力镇压的结果，暂时慑服在他们的暴力之下，成为潜伏的因素，一时未能酝酿成为大规模的起义。

---

① 《续资治通鉴长编》卷十三、卷十四。
② 四川合川，现为重庆市合川区。——编者注
③ 四川重庆，现为重庆市。——编者注
④ 四川涪陵，现为重庆市涪陵区。——编者注
⑤ 四川广安，现为四川省广安市广安区。——编者注
⑥ 《续资治通鉴长编》卷十四。
⑦ 《涑水记闻》卷二。

思想文化的统治

历史上的封建专制君主，对思想文化的统制都十分重视。因为文化上的统治政策，对他们统治地位的巩固，也是一种有力的工具。历史唯物主义教导我们，在对抗的阶级社会里，“在经济上和政治上占统治地位的阶级的思想，总是占统治地位的思想，这种思想反映着统治阶级的地位和利益，并巩固其经济统治和政治统治”①。这充分说明为什么这些统治者，一定要将自己一套思想意识，强加诸人民头上的缘故。

赵匡胤和他的集团，吸收前代统治经验，也采取了同样的政策。首先，北宋政权的建立，是继承五代分裂混乱之后。约半个世纪以来，经济和政治上的争夺，一直表现出异常激烈。在这样一个时代，实力地位决定一切，人人以得失为荣辱，过去维护封建秩序、教人严守尊卑名分的儒学，完全失去了原来的欺骗作用。现在，匡胤既然建立统一政权，同时实行了中央集权政策，就有必要澄清这种局面，使儒家学说重整旗鼓，恢复专讲纲常名教、严守等级名分的那套秩序，来为自己的统治权服务。尤其是经过五代一段变化，对封建统治阶级讲来，这种需要就更加迫切。

学校是统治阶级培养适合自己需要的官僚的场所。匡胤即帝位后，便开始扩建国子监的学社和祠宇，修饰“先贤十哲”象。在东西两庑板壁上，绘画“先贤”“先儒”肖像，自己还亲替孔子、颜子作象赞，在百忙中抽出一部分时间，经常到这里来“瞻仰”。② 国子监开始讲学那天，匡胤感到特别高兴，差人送给生员们酒菜果子。他曾对近臣说道：“武臣应当都读书，学会统治人民的本领。”③ 又对儿子德芳的老师说：“帝王儿子应

---

① 康士坦丁诺夫：《历史唯物主义》，人民出版社，1955 年，第 398 页。

② 《宋会要辑稿》第 3 册，第 2177 页，《崇儒一》；《续资治通鉴长编》卷三。

③ 《续资治通鉴长编》卷三。

当读经书，知道治乱的大体。不必学做文章，文章是没用的。”① 当时所谓儒者，一般的受到匡胤尊重。有人把这样做的原因，归结到他个人“爱才”的特点。

> 乾德改元，先谕宰相曰：“年号须择前代所未有者。”三年蜀平，蜀宫人入内，帝见其镜背有志“乾德四年铸”者，召窦仪等诘之。仪对曰：“此必蜀物，蜀主尝有此号。”乃大喜曰：“作相须读书人。”由是大重儒者。②

窦仪（914－966），字可象，宋朝大臣，翰林学士。学问优博，多知典故，为人清介厚重，为赵匡胤所重。曾奉命主撰《建隆重详定刑统》（即《宋刑统》）、《建隆编敕》，裁定《三礼图》，是宋初重建国家秩序的重要人物。

这种说法，显然是和当时事实不相符合的。匡胤之所以奖励儒学，其目的无疑地是为了巩固自己的统治。窦仪曾经为他裁定《三礼图》，和岘又为他订正雅乐。一直起着维护封建秩序作用的礼乐，经过五代一度衰微，现在得到重新恢复，及时而有效地帮助他，维持了尊制皇帝的威严，正是符合统治阶级需要的。这才是他尊重儒者的真实原因。

符合统治阶级这套要求的，自然受到奖励，不符合甚至有违反的，便要遭受制约。开宝元年（公元968年），匡胤诏令说：

---

① 《涑水记闻》卷一。
② 《宋史》卷三《太祖纪》。

人伦以孝慈为先，家道以敦睦为美，矧犬马而有养，岂父子之异居？伤败风化，莫此为甚。应百姓祖父母、父母在者，子孙无得别籍异财，长吏其申戒之。①

二年又诏：

川峡诸州，察民有父母在而别籍异财者，论死。②

三年又诏：

诸道州府，察民有孝悌彰闻、德行纯茂、擅乡曲之誉，为士庶推服者，以闻。③

八年又诏：

郡国令佐，察民有孝悌力田，奇才异行，或文武可用者，遣诣阙。④

他接受臣下的建议，将儿媳对翁姑的丧服，改为三年制。当他的母亲杜氏去世时，他的妻子首先提倡，实行三年的服制。⑤ 建立这样一套秩序，对巩固北宋统治秩序讲来是很有利的。

佛教教人忍受现实痛苦，幻想来生“幸福”，这套思想，也是适合统治阶级脾胃的。宋初寺院势力，经过柴荣的摧抑，已经大为削弱，不足构成中央政权的威胁。匡胤解除对佛教禁令，转过头来表示提倡，也无非为了“宗教是麻醉人民的鸦片烟”，因此便要“把它当做从精神上奴役劳动者的武器，当做巩固剥削者对人民群众的政治统治的一种手段”⑥。乾德四

① 《东都事略》卷二。
② 《宋史》卷二《太祖纪》。
③ 《东都事略》卷二。
④ 《宋史》卷三《太祖纪》。
⑤ 《续资治通鉴长编》卷六。
⑥ 《历史唯物主义》，第461页。

年（公元966年）。他派僧行勤等一百五十七人，到西域访经。[①] 第二年开始，各道就奉令，不再将铜铸佛像送到开封销毁了。并且准许这些佛像，可以留着就地供奉，但不允许再铸新的。开宝七年（公元974年），有个外国僧人法天，从中天竺摩伽陁来至鄜州（今陕西鄜县[②]），和河中梵学僧法进共译经义。后来入京献经，匡胤亲自接见，面加慰劳，还叫他参观了乾德以来西域所献梵经。诋毁佛教的人，受到匡胤重重责罚。如在乾德年间，有个河南进士，名唤李霭，他不肯相信佛教，曾经著书几千言，命名叫《灭邪集》，来反对佛教。又将佛经撕毁，缝缀起来作成衾裯，被一个和尚控告。开封府尹向匡胤请示，匡胤叫将他打了一顿，流配到沙门岛去。[③] 匡胤还有过许多次，自己亲到京城的佛寺礼拜，大相国、开宝、龙兴等寺，最常见他的踪迹。由于他的提倡，佛教逐渐又恢复了它的盛况。单拿僧尼的数字说，宋初全国共有六万七千多人，比较柴荣统治时期，已多出六千人，平均每年剃度一千人，再加上削平各国，数字就更加多了。[④]

华山下棋亭。民间传说，赵匡胤发迹前曾于华山偶遇陈抟，便以华山为赌注，和陈抟赌棋三局，没想到三盘皆输。赵匡胤称帝后，便兑现承诺，将华山赐予陈抟，免其赋税。陈抟则笑曰："天下自此大定矣！"不过这多半只是个传说，并非信史。

宋朝统治者提倡道教的兴趣，比对佛教还浓厚些。早在建隆初，匡胤就特别派人前往真源（今河南鹿邑东，传说的老子出生地），去祭祀老子。京城的阊阖门外，原来有个太清观，匡胤将它重新修建，改名建隆观，以后经常来到这里，斋戒求福。又因五代以来，道士不守清规，在宫观娶妻生子。又有游惰无业的世俗人，偷着道士冠裳，假借"寄褐"名义，混入宫观居住，把一个"冲妙之门"弄到乌烟瘴气。为着恢复道教的麻醉作

① 袁褧《枫窗小牍》卷下。
② 陕西鄜县，现为陕西省延安市富县。——编者注
③ 以上叙述，根据《续资治通鉴长编》卷八、卷二十三、卷七。
④ 《宋朝事实》卷七。

用，匡胤实行“肃正道流”的措施。他从莱州（今山东掖县[①]）找来大道士，名唤刘若拙，任用他作“左街道录”，来负起这个责任。

开宝五年下诏，禁止道教里的不良习俗。规定：“自今如愿入道者，须本师与本观知事，同诣长吏陈牒，请给公验，方许披度。”就在这一年，集合开封全城道士，进行一次考试，凡是品德恶劣的，即使学有根底，也将他斥逐出教。[②] 当时有名的大道士，除却莱州刘若拙外，如华山陈抟、镇州苏澄隐等，都受到匡胤的礼敬。陈抟隐居在云台观，匡胤想借重他的名气，来对人民进行精神奴役。但是陈抟不肯出山，使匡胤大失所望。[③]苏澄隐居住镇州隆兴观，匡胤亲征太原回来，恰好经过州城，特地请来会见。匡胤想迫他迁到京城建隆观，被他坚决拒绝。匡胤没法，只得送给他许多茶绢等礼物，表示自己尊重这个宗教。[④] 刘若拙到京师后，更是生活在匡胤的左右。每逢遇着发生水旱，都令他入宫祈祷；匡胤对他的尊敬，那就更不用说了。[⑤]

无论政治上的专制也好，军事上的镇压也好，思想上的麻痹也好，其目的只有一个，就是压迫被统治者多数，要将他们纳入安排好的轨道，绝对服从统治者的支配。从这个角度看来，赵宋的中央集权专制主义，又充分暴露出它残酷压迫人民的实质了。

---

① 山东掖县，现为山东省莱州市。——编者注

② 以上叙述，根据《宋朝事实》卷七，参见《宋朝燕冀诒谋录》卷二。

③ 《邵氏闻见录》卷七。

④ 《宋史》卷四百六十一《苏澄隐传》。

⑤ 《宋朝事实》卷七。

减轻刑罚

和加强专制同时并进的，是内政方面的整顿。五代政治黑暗，地方权力落在武人手里。他们多半没有文化，不知什么叫政治，行政事务大都委托给亲吏，掠夺之外一切都不过问。匡胤建立政权时，虽然柴荣已经进行了一些改革，取得若干成就；但因当时全国未曾统一，后周势力所及，不出中原地区范围，而且许多陋习积重难返，不是短期内可以扫除近。现在情况大不相同了，统一已经基本实现，上述弊端不澄清，混乱局面很难结束，社会秩序没法安定，赵宋皇朝也不能持久。因此，柴荣没有完成的事业，就得由匡胤来继承。

在阶级社会里面，法律是为了剥削阶级镇压和钳制被剥削阶级服务的。五代分裂时期，列国各自为政，所有法制政令，全不统一。随着历史发展，匡胤的统一斗争节节取得胜利，这种极不划一的法令制度，就不能替北宋剥削者国家发挥上述那般作用。从形式方面说，北宋是继承了后周公布的法典，这个法典的缺点，在后周前期表现的是："律令则文辞古质，看览者难以详明；格敕则条目繁多，检阅者或有疑误。"[①] 经过柴荣的编勒，据说"律条繁广，轻重无据"的现象有了改善，但是直到北宋初年，仍然有着许多缺点，加上割据地区之间的分歧，自然必须加以改革。乾德元年（公元 963 年），由窦仪、苏晓正等修订的《刑统》宣告完成。计《重定刑统》三十卷、《编敕》四卷，凡一百零六条。匡胤立令刊板印刷，颁行各地。以后凡是合并每一国家，就将《刑统》颁发至管内各州。新《刑统》的特点是："参酌轻重，时称详允。"[②] 例如"折杖法"的规定，

① 《五代会要》卷九。

② 《续资治通鉴长编》卷四。

五帝之一的唐帝尧。相传在唐尧时期，刑法相对宽松。赵匡胤深谙典故，在称帝后，针对五代时期严刑峻法的苛政，锐意改革司法，严禁滥杀，史称他“宽仁多恕”。

使杖刑大大减轻。可见不但形式上获得全国统一，文义详明；而且内容也有了改善。他对窃盗犯的惩罚、盐法的改订，以及酒麹禁令的放宽等，总起来看都比过去减轻并且有了进步。

匡胤反对法令过于苛刻。他说：“尧、舜惩罚四凶，也不过罪止投窜，为什么近代法网会这般严酷?”[①] 他教人学习汉朝的官僚张释之、于定国，认为他们是“治狱天下无冤民”的榜样。[②] 在实践方面，倒也能够强自克制，不随便滥施刑罚。有一次他用膳时，发觉食器的边缘有虱子爬行着，他不但没有发脾气，来责备那些管理膳食的人，还装作没事似的，吩咐左右不必声张。[③] 虽然不过是故作姿态，但比起五代好杀的暴君，总算好得多了。因此封建地主阶级历史家，常常“津津乐道”他的“宽仁多恕”。例如《宋史》的作者这样歌颂他说：

> 宋兴承五季之乱，太祖、太宗颇用重典以绳奸慝，岁时躬自折狱虑囚，务底明慎，而以忠厚为本。海内悉平，文教浸盛。士初试官，皆习律令。其君一以宽仁为治，故立法之制严，而用法之情恕。狱有小疑，复奏辄得减宥。[④]

我们虽然不能完全同意这些谀词，但是它给我们指出这样一个事实，就是匡胤一面站在地主阶级利益上，加紧他对人民的镇压，但又因为恢复社会

① 《宋史》卷三《太祖纪》。
② 《续资治通鉴长编》卷十四，对殿中侍御史冯炳说。
③ 同上，卷十六。
④ 《宋史》卷一百九十九《刑法志》序。

秩序巩固政权的需要，不能不对人民作出某种程度的让步，相对减轻他们的痛苦，借以缓和他们对统治阶级的仇恨。

根据这个原则，匡胤统治期间，曾一再责成各道州府，务须依法断狱。各州大辟案须经刑部详覆，也是防止滥杀的一种措施。事实如果情节并不“严重”，详覆以后就多被直接赦免。据统计，从开宝三年到八年，五年当中所赦死罪，共四千一百零八人，数字相当庞大。此外还有上面所说的“折狱”“虑囚”，这是每年的例行公事。虽然只是一种虚文，也可以表示出他的态度。其次对于监狱卫生，他是给予一定重视的。开宝二年的夏季，他曾亲自写了“手诏”说：

> 两京诸州，令长吏督狱掾五日一检视，洒扫狱户，洗涤杻械。贫不能自存者给饮食，病者给医药，轻系即时决遣，毋淹滞。

从此每当夏季，便对各地重申一次。[①] 执行的程度怎样，虽然不可知，但是这种措施，对那些不幸的被迫害者来说，痛苦可以稍微减轻，因为健康受到损害而枉死的，人数就可以大为减少了。

① 以上叙述，根据《宋史》卷一百九十九《刑法志》。

惩治贪污

只有对于贪官污吏，匡胤是坚决不宽贷的。因为五代时期，官僚贪污舞弊已达到惊人程度。记载上说："自梁唐已来，藩侯郡牧，多以勋授，不明治道，例为左右群小惑乱。卖官鬻狱，割剥蒸民。率有贪猥之名，其实贿赂半归于下。"① 直至北宋继承下来，风气还是未改。"是时天下新定，法禁尚宽，吏多受民赂遗，岁时皆有常数，民亦习之不知其非。"② 匡胤本人也感觉到，"晋汉之世，侯伯恣横，非法掊敛，百姓田蚕所获，未输公税，已入权豪之手。以至县令将至有年，诛求百端，下无所诉。国朝以来，未革其弊"③。匡胤坚决打击贪官污吏，与其说是因为解决人民疾苦，毋宁说是为了巩固新建的政权，更为接近事实。

匡胤认定贪污现象所以严重，和藩镇专横是分不开的。因此他对赵普说："下愚之民，虽不分菽麦，如藩侯不为抚养，务行苛虐，朕断不容之。"④ 当他听见镇守大名的符彦卿专横暴虐的时候，便特地选派一批能员，到那里知县事，来分夺他的权柄。后来发觉彦卿信任爪牙刘恩遇，还放纵他招权黩货，把大名府弄到乌烟瘴气，匡胤便将符彦卿调到凤翔去。⑤ 他派遣文官出外知州，固然是为了集中政权，同时也为了整顿吏治。不过在他统治的十几年间，贪污案件仍然不断发生，每次当被匡胤发觉，都给以严厉处分。遇着大赦，贪官污吏，不在赦免之列。有的官员，或因枉滥杀人，有的收受贿赂，或因隐没官钱，也有因为擅自收税。情节轻的，将

---

① 《旧五代史》卷九十八《安重荣传》。
② 《涑水记闻》卷一。
③ 《宋朝事实》卷九。
④ 《续资治通鉴长编》卷七。
⑤ 同上，卷十。

他贬降，其次削籍为民，较重的刺配沙门岛，最重的处以极刑。如商河县令李瑶、大名府永济主簿郭颉、职方员外郎李岳、殿直成德钧等，先后因贪赃被杀。其中郭颉的贪污数字，共赃款一百二十万。成德钧奉命押送后蜀军校，中途收受贿赂，被人告发。又有蔡河纲官王训等，用糠土掺杂军粮；内班董延谔，因监务吞没官粮，也先后被处决。此外左拾遗刘祺，坐受贿罪黥面配沙门岛。知制诰高锡受藩镇贿赂，贬莱州司马。宗正少卿赵砺，坐赃决杖，除籍为民。有的赃官，在朝堂当场被匡胤杖死。①

对那些行贿得官的人员，匡胤特地定出告讦办法。建隆三年（公元962年）令："诸行贿获荐者许告讦，奴婢邻亲能告者赏。"② 虽至亲信莫如赵普，也因他假借建筑私宅名义，运大木材至京城贩卖，被匡胤查出，非常生气，几乎要下令驱逐他出相位。③ 可见匡胤想杜绝贪污，不是没有决心的。但是他不可能了解，贪污是官僚政治的必然产物，除了认为武人把持政治是贪污舞弊的根源外，他还考虑贪污之所以发生，又因为官吏俸禄的鲜薄。他说："吏员猥多，难以求治，俸禄鲜薄，未可责廉。与其冗员而重费，不若省官而益俸。"④ 他把问题归结到俸禄上，因而主张精简官员，增加待遇。他令各地州县，按照户口比率，裁减官员人数，凡被留用的官，月俸一律增给五千。改用文官、增加月俸的结果，自然没有消灭贪污的现象。但是经过他一番严厉制裁，五代时期的贪黩政治，随着得到敛戢。贪污大大减少，这对人民是大有好处的。

---

① 《宋史》卷一、卷三《太祖纪》，《廿二史劄记》卷二十四。

② 《宋史》卷一《太祖纪》。

③ 同上，卷二百五十六《赵普传》。

④ 《宋史纪事本末》卷七。

选用人才

重惩贪污罪犯，不过是整饬吏治的消极方面；从积极方面讲，那就必须由选择官僚人才着眼。而且，人才的任用，还牵涉到整个官僚机构是否能够充分发挥其镇压机关的功能问题。所以赵匡胤夺取政权后，对于这一方面，一开始就非常注意。司马光说：

> 太祖聪明豁达，知人善任使，擢用英俊，不问资级。察内外官有一材一行可取者，密为籍记之。每一官缺，则披籍选用焉。是以下无遗材，人思自效。①

由此可见，匡胤对于官僚的任用，是非常审慎的。他仰慕武则天的知人善任，称赞她不杀狄仁杰，是有过人的才能。② 为了防止“铨衡止凭资历，英俊或沉于下僚”，乾德二年（公元964年）诏令：

> 吏部南曹，自今常调赴集选人，取历任多课绩而无阙失，其人材可副升擢者，具名送中书门下，引验以闻，当与量材甄奖。③

相反的，遇有不称职的，便不惜将他罢免。和上述同年又诏：

> 州县官有昏耄笃疾、不任从政者，令判官录事纠举，与长吏同署列状以闻。

① 《涑水记闻》卷一。
② 《续资治通鉴长编》卷七。
③ 同上，卷五。

开封殿试的场景。唐朝灭亡后，世家大族对科举考试的影响彻底衰微。从宋代开始，科举取士进入相对公平的阶段。而殿试制度更将天下读书人，变为了“天子门生”。

判官、录事有无能力，由长官纠察上报。有一次，他召集了在京百司吏员七百多人，在便殿亲自考试，结果不合格的，共有四百人。匡胤劝令他们回乡，参加农业生产。又有一次，各道推荐到四百七十八人，有的是“孝弟力田”，有的是“文武干才”，匡胤交给翰林学士李昉，在礼部贡院考试。自己又召集濮州（今山东濮县[①]东）所荐“孝弟”二百七十名，在讲武殿考问，发觉他们实在一无可取，断然将他们全部遣散，滥举的州官，受到他一顿严厉斥责。[②]

匡胤统治时期，可以说是号称得人的。罗从彦也曾经说过：

> 太祖聪明英睿，善知人。下位中有一行可观、一才可称者，皆自圣知，不次拔擢。尝以中牟县令李鹤为国子监丞，延州录事参军段从革为赞善大夫，定州录事参军郭思齐为太子中允，河阳节度判官石雄为补阙，莱芜县令刘琪为拾遗，安丘县尉张邈为将作监丞，郑州防御判官李抟为监察御史，当时州县无滞才，朝廷

第六章　加强专制整顿内部

---

① 山东濮县，现已撤销。五代、宋朝时的濮州，在今山东省菏泽市鄄城县北。——编者注

② 本段叙述，根据《续资治通鉴长编》卷五、卷十四、卷十七。

称得人焉。①

罗致人才的方法是多方面的。自隋唐发展了科举考试，这种制度很适合地主阶级的需要，用来多笼络人才，使地主阶级政权获得巩固。政治权力愈向皇帝集中，专制主义愈是发展，这个封建政权就更需要扩大它的统治基础。匡胤在集中政权的时候，也发展了科举制度来达到这个目的。通过科举考试，吸收地主阶级的中下层和商人，一起参加政权，来加强自己的统治。在新并的割据国家领域内，一方面录用旧的官僚分子，一方面利用科举制度，借此吸收部分士大夫，使他们得到做官的机会，就可以缓和中央和地方之间的矛盾。同时，进一步发展这种制度，彻底打垮世族地主的残余力量，对中央集权专制主义，也有很大好处。匡胤对于过去的科举被世家大族所把持，表示极为不满。他说：

向者登科名级，多为势家所取，致塞孤寒之路，甚无谓也。②

又说：

贵家子弟，惟知饮酒弹琵琶耳，安知民间疾苦？

因此下令：

凡以资荫出身者，皆先使之监当场务，未得亲民。③

不许资荫出身的人直接做州县官，这是对于门阀势力的一种压抑，也可看出匡胤重视用人的努力。

殿试制度的确立，它的过程，也是北宋肃清残余世族影响的过程。开宝元年（968 年），大官僚陶榖的儿子陶邴，高中第六名进士，匡胤疑心考试官舞弊，便下令说：

① 《罗豫章集》卷二《遵尧录》。
② 《续资治通鉴长编》卷十六。
③ 《涑水记闻》卷一。

造士之选，匪树私恩，世禄之家，宜敦素业。如闻党与，颇容窃吹，文衡公器，岂宜私滥？自今举人，凡关食禄之家，悉委中书覆试。[①]

六年，因所取进士武济川，材质鄙陋，应对失次，又有落第的徐士廉等，控诉考官李昉用情取舍，录取失当。匡胤特令在讲武殿命题重试，这是殿试的开始。以后不久，就定为常制。[②] 同年，又下令说：

诸州考试官，令长吏精选僚属有才学公正者充。知贡举与考试官同看详试卷，定其通否，否即驳放，不得优假，虚至终场。申禁私荐属举人，募告者其赏有差，举人勒还本贯重役，永不得入科场。[③]

考试制度的严密，就是要使它在“孤寒人”面前，尽量保持“公平”，“由是家不重谱牒，身不重乡贯”。只要符合统治阶级的要求，人人都有做官机会，统治基础愈扩大，赵家政权就愈巩固。

制科的受到重视，一因它不是经常举行的大典；二因它可以吸收符合统治者需要的人才，即所谓“天下之才杰”。匡胤统治时期，开设过“贤良方正能直言极谏”“经学优深可为师法”“详闲吏理达于教化”等科。各州将应举人解送吏部，皇帝亲自主持考试。“不限前资、见任职官，黄衣草泽，悉许应诏对策。”又怕地方官员不够重视，以致仕途阻塞，便特许应举人到京自荐。[④] 制举以外，又有保任。这是由在职官僚推荐，从中选拔需要的人才。采用这种方法，问题的关键，在于保举的得力与否，所以就有连坐的规定，作为荐举人才的保证。建隆三年（公元 962 年）诏令：

① 《宋史纪事本末》卷七。
② 《续资治通鉴长编》卷十四。
③ 同上。
④ 《宋史》卷一百五十六《选举志》。

常参官并翰林学士，内有尝佐藩郡及历州县官者，各保举堪充幕职令录一人，不必以亲为避，但条析具实以闻。当于除授制书署其举主，他日有所犯，不如举状，连坐之。①

宋代科举图

类似的诏令，颁布不止一次。保举人怕牵累连坐，不得不小心翼翼，慎重推举人选。能够选擢人才，对提高行政效率和澄清吏治，都不失为有效的办法。

匡胤发展科举制度，为什么也是强化中央集权的手段呢？除上述以外，通过这个制度，各地官员的选拔和任用，直接掌握在中央政权的手里，这样就加强了全国政权的统一集中。其次，匡胤禁止及第人对知举官称“师门”“恩门”，而自己认作“门生”；又禁止台阁近臣公荐士人，供知举官录取的旧习。② 一面是通过殿试制度，皇帝亲自选拔录用，显示及第人员都是“天子门生”。这就防止及第人和主考官之间缔结成为集团，形成一种政治力量，危害到君主专制。考试制度愈严密，愈显出它“公平”姿态，对士人的诱惑力愈强，任何人根据考试需要，埋头苦读，就可以应考做官。所谓“圣朝广开科举之门，俾人人皆有觊觎之心，不忍自弃于盗贼

---

① 《文献通考》卷三十八。

② 《文献通考》卷三十。

奸宄"[①]。读书人脱离现实，不问政治，对于北宋封建皇朝，的确可以减少许多烦恼。

科举制度对统治者既有很多好处，为了更好发挥它的作用，必须定出必要的措施，来保证目的得到实现。所以匡胤和当时的最高统治集团，曾经制定一种"殿罚"的科条，内容规定如此：

> 进士"文理纰缪"者殿五举。诸科初场十"不"殿五举，第二、第三场十"不"殿三举，第一至第三场九"不"并殿一举。殿举之数，朱书于试卷，送中书门下。[②]

对文理不通或思想携贰的士人，加以一定的压制，这是鼓励士人做恭顺奴才，埋头读书脱离现实，同时防止"侥幸之徒"冒入士籍，以阻塞"孤寒之路"的一种措施。至于考官徇私取录，和举子的科场舞弊自然都要遭受严厉禁止了。例如上面所说到的李昉，被徐士廉等控诉他录取不公后，便受到降官处分。一个应拔萃科出身、名字叫作侯济的，也因考试作判时曾请枪手代替，事后被人告发，查明属实，被打了一顿，还永远开除出士籍。[③]

另一方面，规定得严格了，又有大批士人，埋头读了一辈子书，仍然被关在政权大门之外，产生不满情绪，这对皇权又极为不利。为了解决这个矛盾，匡胤不得不另想办法来作出一些变通。例如应九经科举的，原来规定一经落第，永远不得再参加考试。现在却只好提出"悬科取士，固当优容"的自相矛盾政策，令九经也和各科一样，落第举子也许令再试。[④] 又因为"悯天下士有更五代困于场屋，而犹不得自遂者"，特赐给曾经乡试及格士人以各种官职。司马浦等一百零六人，虽因"学固不讲，业亦难专"而下第，也给予"特恩"，各赐本科出身。[⑤] 这样一来，自然可以达到大量吸收人的效果，但是发展下去，官僚人数必然会

---

① 《燕翼诒谋录》卷一。

② 《宋史》卷一百五十五《选举志》。"殿举"即罚科，"不"意即不通。

③ 《续资治通鉴长编》卷十四。

④ 《文献通考》卷三十。

⑤ 叶适《水心文集》卷三；《宋会要辑稿》，第5册，第4263页，《选举三》。

跟着增长，这和匡胤最初用人唯才的愿望，不但有所抵触，而且日后北宋官僚机构的膨胀，行政效率的迟缓，归根到底，和他这种自相矛盾的两面手法，有着密切不可分的关系。这对后来所产生的影响，就不能说是不大了。

匡胤在用人方面，还有两点值得注意的。一是他不肯偏听偏信；二是他主张“循名责实”，并且从不信任宦官。如上所说，匡胤在早期接见大臣时，两府奏事各不相知，这是免使自己为左右所蒙蔽。同时，他又建立“轮对”制度，从建隆三年（公元962年）开始，每逢五日一次，匡胤在内殿接见官员，即所谓“起居”的日子，特别令京朝官轮流奏对，指陈政事得失。原来所下的诏书上说：

> 今后每遇内殿起居，依旧例次第差官转对，并须指陈时政缺失，明举朝廷急务，其或有刑狱冤滥，或是百姓疾苦，并可采访闻奏。凡关利病，得以极言，朕当择善而行，无以逆鳞为惧。如有事干要切，即许非时上章，不必须候轮次，亦不得收拾闲慢之事，应付诏旨，仍须直书其事，不在广有牵引。①

这样一来，凡是在京的职事官，都能够专章白事，纠举失职，等于负起言事的职责，这固然是削弱宰相大权的一种手法，同时也使自己的耳目更加扩大，皇权更加高涨，皇帝对于内外官僚的政绩，愈发了如指掌了。

对于宦官，匡胤是绝不信任的。十七年间，经常在他左右的宦官，从不超过五十多名。宦官活动的范围，很少超出宫廷以外。偶然有所差遣，任务不过只有一个，本分以外的事，不许妄自采访奏陈。可见他对宦官权力还是极力抑压的。② 考核官吏，他主张循名责实。从前文武常参官，只要按照职务的繁简，定立月限，不问工作成绩，一到限期完满，照例得到升迁。这样的一种考课制度，自然不能符合刷新政治的要求。所以在建隆二年，因魏仁涤等主管“市征”，税收有超额羡余，趁着给他们“增秩”奖励的时候，宣布取消“岁月叙迁”的办法，以后官员没

---

① 岳珂《愧郯录》卷五。

② 《邵氏闻见录》卷七引《建隆遗事》。

有显著劳绩，不随便给予进迁。[1] 经过这个改变，对发挥官员工作效率，产生了良好的影响。正如后来范仲淹追溯说：

惟政能可旌者，擢以不次；无所称者，至老不迁。故人人自励，以求绩效。[2]

① 《文献通考》卷三十九。

② 《范文正公集·奏议》卷上。

恢复和发展生产的措施

整顿税制

北宋建国初期，经过几十年战争的破坏，天灾人祸给广大的人民群众，带来了无限的痛苦。赋役和高利贷的掊剥，又十分的沉重。这时，大量的土地仍然荒芜，破产失业的人口到处都是。窦俨在五代末年，曾经这样说过：

> 今编户之氓，以债成俗，赋税之外，罄不偿债。收获才毕，率无囷仓。官有科折之弊，私有酺醵之缗，倍称速息，半价速卖，则利贷一斗而偿四斗矣。欲民不困，岂可得哉?①

生长在没落官僚地主家庭的赵匡胤，年轻时家境并不宽裕，后汉初为着寻找个人出路，有一段时期，在外面过着流浪的日子，穷困潦倒，饱经世故，对社会下层人民的痛苦，认识比较深刻。及至夺取政权，就要“为国家长久计”，替赵家子孙建立万世的基业。他深知当时社会内部，充满着重重危机，如果不进行一些改革来缓和阶级矛盾，一朝让这种危机得到爆发的机会，整个局面便将走上不可收拾的地步，赵家天下自必不能久享。

匡胤虽然不是利用农民战争的机会建立起北宋封建政权，但是他一向重视历史教训。他曾用白起杀降故事，引为自己的鉴戒；还要学习武则天的“知人善任”，劝人效法张释之和于定国。离他出生只有四十多年的黄巢起义，在人们的心坎里，记忆还新，作为一个封建统治者来说，断不会熟视无睹的。事实上就在五代时期，各地的农民起义，仍在不断发展。例

---

① 《全唐文》卷八百六十三《上治道事宜疏》。

唐末农民起义领袖黄巢。随着黄巢农民军转战大江南北，唐朝中央政府与东南经济命脉的联系被切断，各地藩镇势力的相对平衡也被打破，从而成为压到摇摇欲坠的唐王朝的最后一根稻草。黄巢起义对唐末五代格局的形成影响重大，赵匡胤不会熟视无睹。

如后梁的陈州的母乙、董乙起义，后唐、后晋那些“时复潜兴”的摩尼教徒起义，从后晋开始的定州狼山孙深意起义等等。强化中央集权政策，对于镇压农民起义，虽然起着严重的作用；但是集权制的巩固，却不能离开经济条件。一支强大的武装部队，和一个庞大的官僚机构，如果不是依靠朘削农民，统治阶级怎样维持得了？但是农民没有喘息的机会，生产事业得不到恢复，必将影响到统治阶级榨取的来源。而且大批农民失业，容易引起社会秩序的混乱，对于地主政权的威胁，自然也就更大。这样，在阶级斗争推动下，匡胤一面进行统一战争，一面实施若干经济上的改良政策。而这些政策的实施，又促进了统一运动的完成。

五代税制混乱，是人民负担沉重的原因。柴荣统治时期，虽然作了一些改良，事实上是极不彻底的。到北宋初年，压在农民身上的赋税，依然十分繁重。特别在割据国家领土内，情形更加严重。因此，匡胤和最高统治集团在统一的进程中，对于这个问题，不能不给以密切注意，革除苛征暴敛，相对地减轻赋税。试看每当一个国家被消灭，匡胤首先宣布的，总是有关废除苛杂方面。

例如平定荆湖以后，免去潭州各县旧例杂配实物。

平定西蜀以后，罢去茶的禁榷、米面之征、民户嫁装税等。乾德四年（公元966年）再令：

川峡诸州长吏，察民有伪蜀日所输烦苛，诏所未蠲者，悉便宜除之。[1]

平定南汉以后，一则令：

无名赋敛，咸蠲除之。除开宝三年以前逋租。

再则令：

岭南诸州刘铱日烦苛赋敛，并除之。[2]

以后又将当地税米白配的钱币，每石从一百六十钱减为十钱。为着节省开支减轻人民负担，简化了岭南州、县两级行政机构。计当时废罢的，有十五州、四十九县，多少纠正过去州县多户口少的现象。

及至平定江南，又令：

诸州条析旧政，赋敛烦重者，蠲除之。[3]

关于税制改革方面，北宋统治集团对征收方法的改进，比较减免苛捐杂税，所付出的力量还要大。过去官吏在收税时，有的勒索贿赂，有的私用大斗，弊端百出，苦虐不堪。匡胤了解到，这种情况如果继续，必将增加农民对这个政权的仇恨。这就是他所以重视改革的原因。他曾经指派人员，从京畿到各道，去监督赋税的征收。发觉勒索舞弊的，都给以相应的惩罚。有人额外多收，甚至被处死刑。过去地方官吏，害怕税收不足定额，有碍考课前程，遇着人户逃亡，将欠税均摊亲邻，勒迫代为输纳。匡胤即位的第二年，便即下令禁止。又五代各州收税完毕，例追属县吏员上州“会文钞”，县吏于是厚敛里胥，来贿赂州吏；里胥又将这笔负担，转嫁在农民身上，使得农民不胜困苦。乾德元年（公元963年），匡胤也下令禁止了。各道州府向属县追租，往往将册籍交付孔目官，令他督摄逋

① 《续资治通鉴长编》卷七。
② 同上，卷十二。
③ 同上，卷十六。

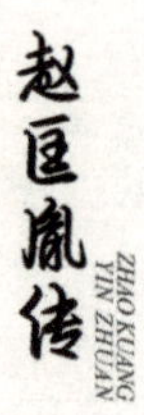

赋。孔目官因缘欺诈，骚扰农民。针对这种情形，匡胤在开宝元年（公元968年）令："自今令录事参军躬按文簿，本判官振举之。"①

在新占领的国境内，这种改革更有必要。西川各州输纳两税，当时曾用布帛充折，官府所定折价，往往固定不变，市价虽涨而折价不动，农民负担无形增重。开宝六年，匡胤下令改革，各州凡用布帛折税，必须都按市价执行。岭南在刘铱统治时，私制大量来重敛，输粮一石，实纳一石八斗。宋军攻下南汉，便开始改用"省斗"，每输粮一石，另输二升"鼠雀耗"。这样农民的负担，便相对减轻了。岭南农民，有欠官府租税的，县吏乘机放债盘剥，借款代输，或诱骗他们向地主豪绅借债，贷借以后，强将农民妻女抵押在家，供给自己奴役。匡胤接受知容州毌守素建议，下令严加禁止。② 诸如此类的禁令，虽然最终目的，还是为了巩固地主政权；但也颇能针对一时情弊，把当时人民所深受的痛苦，及时和局部地给予解除。各地的苛捐杂税，虽然仍被保存下来的很多，甚至某些较大宗的杂税，完全没有触动；但是经过这次改革，人民的负担，较之五代到底有了不少改善，这对国内阶级矛盾的缓和，多少不无裨益。

更定税制方面，宋朝沿用后周制度，把两税的征收时间确定下来，根据地理条件的差异，田蚕成熟的早晚，作出如下具体规定：

> 开封府等七十州，夏税旧以五月十五日起纳，七月三十日毕。河北、河东诸州气候差晚，五月十五日起纳，八月五日毕。颍州等一十三州及淮南、江南、两浙、福建、广南、荆湖、川峡五月一日起纳，七月十五日毕。
>
> 秋税自九月一日起纳，十二月十五日毕。后又并加一月，或值闰月，其田蚕亦有早晚不同，有司临时奏裁。继而以河北、河东诸州，秋税多输边郡，常限外更加一月。江南、两浙、荆湖、广南、福建土多秔稻，须霜降成实，自十月一日始收租。③

这里根据了地方的特殊情况，适当考虑照顾，将税收时间作了相应的安

① 本段叙述，根据《续资治通鉴长编》卷二、卷九，《宋史》卷一百七十四《食货志》。
② 《续资治通鉴长编》卷十四、卷十二、卷十三。
③ 《宋史》卷一百七十四《食货志》。

排。同时将这种制度，推广到全国范围。可以看到北宋的制度，比后周又有了改进；而这种改进的措施，也是符合当时人民要求的。

两税中征收的实物，原来由官府任意科折。凡当地没有的物产，农民要用高价收买，才能勉强应付，因此负担也够沉重。对于这个问题，匡胤也比较重视。他曾命令三司说：

> 诸路两税折科物，非土地所宜者，勿得抑配。[①]

这样一来，情况就可略为好些。又如农民纳税，往往有畸零数目。缴纳时很多不便，有的三家五家，拼凑起来合成绢帛一匹，官府征收既有困难，吏员舞弊却多添一个项目。收纳的时候，借口侵扰。化成整数，规定起征单位，可以简化税收手续，无形中也减少农民被勒诈的机会。例如钱必成文，绢帛成尺，粟成升，丝绵成两，薪蒿成束，金银成钱。绸不满半匹，绢不满一匹，准依丈尺折算，计价输税。这样缴纳，也有另一种流弊发生，就是在化零为整的时候，官吏乘机将畸零数目增长，这是完全可以想象的。

对于合并的国家，相对的划一税制。首先在建隆元年（公元960年），制造新的度量衡器，颁发到全国各地。乾德元年（公元963年）平荆湖，又颁给潭、澧等州。[②] 三年平后蜀，规定官仓出纳，一律用十升斗，这样就废止旧日大斗进、小斗出的陋规。[③] 总之，“宋既平定四方，凡新邦悉颁度量于其境。其伪俗尺度，逾于法制者去之”[④]。同时又禁止民间私造，使全国的度量衡器，从此有个划一标准。其次如西川，罢去牛、驴皮革全部入官的旧规定，参照各地已经实行的，按税额一定比例折合钱币的办法，改收牛皮税。[⑤] 至于西北地区，因为屡次受到战争破坏，那里的赋役都比较别处减轻。经过相当时期的安定，人民在生产斗争中不断取得成绩，据说出现“公私富庶，人不思乱”的局面。[⑥] 说明当时的阶级矛盾，获得暂时的缓和。

---

① 《续资治通鉴长编》卷十一。

② 《宋会要辑稿》，第6册，第5350页，《食货四十一》。

③ 《续资治通鉴长编》卷六。

④ 《宋史》卷六十八《律历志》。

⑤ 以上叙述，主要根据《宋史》卷一百七十四《食货志》。

⑥ 《挥麈后录》卷二。

减轻徭役

北宋皇朝建立初期，版籍散乱，等第不明，官府沿袭五代积习，非法奴役人民，人民的负担很重。匡胤为了巩固政权，实行宽减徭役政策。首先在建隆二年，罢去各道州府征用平民充当急递铺递夫的劳役，从此急递铺夫改用军卒担任。次年，又罢去人民搬运戍军衣服的劳役，改用“官脚”替代。① 又令“文武官内诸司、台、省、监、诸使，不得占州县课役户；及诸州不得役道路居民为递夫”。各县令佐检察差役，如有负担不平，许人民自相检举。到乾德五年，再禁各州职官私占人户供课役。② 可见非法奴役的情况，这时候还是有的。明年又令：

> 王者之道，使人以时，非惟不夺于农功，亦冀无烦于民力。自今应诸道州府军县上供钱帛，并官备车乘辇送。其四川诸州合般钱物，即于水路官自漕运，不得差扰所在民人。③

此外，匡胤又一再减少各县弓手名额。在建隆二年，解散镇州弓箭手一千四百人。次年规定各县弓手名额，开宝元年再加重定，将数目又一次减削，并严禁县尉占留差遣。④

这样就有大量农民从繁重的徭役中解放出来，重新回到土地上进行生产。对于宋代社会经济的恢复和发展，不失为一个有益的措施。

减削后的弓手名额情况，有如下表：

---

① 《宋会要辑稿》，第 8 册，第 7482 页，《方域十》；又第 6 册，第 5562 页，《食货四十二》。
② 《文献通考》卷十二。
③ 《宋会要辑稿》，第 6 册，第 5562 页，《食货四十二》。
④ 《续资治通鉴长编》卷二。

县等 \ 人数 \ 年份	建隆三年（公元962年）	开宝元年（公元968年）
万户以上	50	30
七千户以上	40	25
五千户以上	30	20
三千户以上	25	18
二千户以上	20	15
千户以上	15	10
不满千户	10	10

宋朝役法内容，有这样一个显著的特点。地方的厢兵，负担起很大一部分的力役；而州县基层行政组织中的小吏，构成为主要的职役。职役的充当，是按资产的高低分配。平时农民所服差徭，除弓手、壮丁一类，主要的就是修河。匡胤自己曾说："朕即位以来，平常没别的差徭，只有春初修河，那是为了人民防患。"① 大抵经过一番整顿，随便点差徭役的现象，基本是泯除了。以后将许多的徭役，陆续交给厢兵担任。这种例子，除上述急递铺和搬运夫以外，还有土木工程的修建。开宝四年，因修筑前代帝王陵墓，发遣厢兵千人到京兆（今陕西西安），同时禁止征调民夫，下令说：

> 自今有当缮治者，以镇兵给其役。②

但是北宋虽然这样规定，并不等于说人民从此免去徭役，相反的后来服役依然是人民一个沉重的担子。特别遇到战争时期，徭役的负担就显得额外繁重。只是由于五代时期，人民"久在涂炭"，现在"纵有劳役，未甚曩昔"。加上强化军事集权制度后，所谓"乘天开之运，震神武之威，征伐四方，动如山压"。因此，匡胤虽然"有事四方，劳于馈运"，其结果是"生灵不敢怨，奸雄不敢动"③。这样就防制了"民变"的爆发。

最初，统治者对役民负担的平均，是给过一定重视的。《刑统》里面，

① 《文献通考》卷十一。

② 《续资治通鉴长编》卷十二。

③ 《范文正公集》卷八。

有“差科赋役不均平、及擅赋敛加益”的科条。规定凡脱漏和增减户口来偷免课役的，除家长须“治罪”外，没有察觉的里正和州县官，也同样有罪。[①] 同时，乾德元年诏令：“诸州版簿、户帖、户钞，委本州判官录事掌之，旧无者创造。”各州每年所奏户帐，男子二十为丁，六十为老。[②] 重编版簿、户帐使征发差役有所根据；划分丁老的界限，服役年龄便有个限度。这是针对五代漫无限制的徭役，所作出的一项重要改革。

但因豪强富家，恃着有钱有势，不是设法逃避，就将来转嫁在贫苦农民身上。这使赋役不均的现象，在匡胤统治时期便开始冒头。为了防止农民逃亡，影响封建政府征收赋役，匡胤令州县长官仔细检查，允许农民自相纠察。在清查户口时，申明隐漏的禁令：

> 逐州判官县令佐，仔细通检，不计主户、牛客、小客，尽底通抄，差遣之时，所冀共分力役，敢有隐漏，令佐除名，典吏决配。[③]

这种措施，使大地主也要负担保课役，一般农民的负担，自然就相对地减轻了。

① 《刑统》卷十三、卷十二。
② 《续资治通鉴长编》卷四。
③ 《文献通考》卷十一。

奖励农业生产的政策

赋税制度确定了，农民负担不适时，或负担无度的现象，就有了矫正。不过从唐末五代以来，土地问题非常严重。长期战争以后，各地出现了大量的荒土。另一方面，农民受着重重枷锁的压迫，因丧失生产手段而失业流离的也为数很多。[①] 开辟旷土，招集流散，把他们固定在土地上，恢复进行生产，并使他们负担租税徭役，对统治阶级扩大榨取的对象，是有重要意义的。

首先，在五代混乱时期，大批农民被迫抛弃了生产，入伍当兵和服役，造成大量的劳动力长期和生产脱节。在这个问题上，匡胤和他的集团，实行了一系列的措施。在统一战争胜利声中，攻下的国家，除收编一部精兵外，其余的军士一律实行遣散，让他们能够回到农村，各安生业。例如他攻陷李重进盘踞的扬州时，所有被胁迫从军的农民，都发给衣鞋，组织他们回乡生产。占领高继冲割据的荆南时，凡是自愿转业的士兵，任凭他们返里归农，还特为他们修葺房屋，发给耕牛、种子、食粮，帮助他们克服困难，重建家业。以后平定湖南和岭南，都颁布了类似的诏令，将被强制当兵的农民，遣散回农村耕作。[②]

其次，许多束缚在封建徭役下的人民，也次第得到解放。上文说到弓手、急递夫、漕运夫等，都是指全国范围来说的。其他割据地区里，还有许多特殊的徭役，都被北宋官府先后废除。例如平定蜀国后，罢去梓州的庄屯户、专脚户、鹰鹞户、田猎户等等。[③] 平南汉后，将隶属宫廷库务的

① 《续资治通鉴长编》卷二十七，雍熙三年国子博士李觉上言："今井田久废，复之必难，旷土颇多，辟之为利。"

② 同上，卷一、卷四、卷十、卷十二。

③ 同上，卷七。

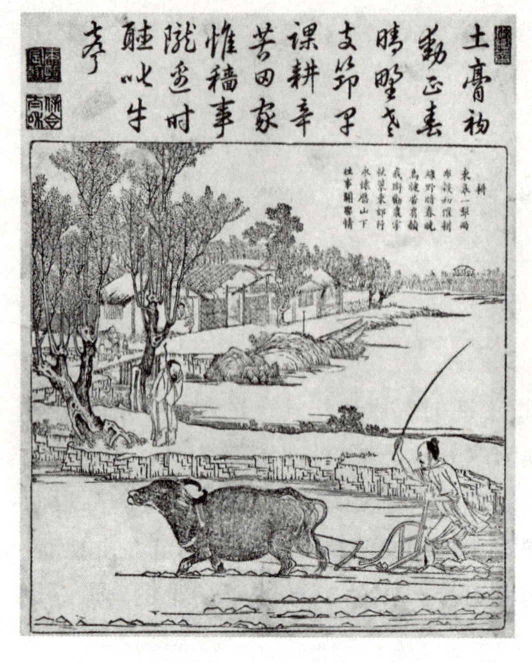

南宋初年绘制、清人重绘的《耕织图》

课役户，罢遣回本属州县，并免征徭役两年。[①] 其中最值得注意的，是解散岭南的“媚川都”。所谓媚川都，是荒淫无耻的统治者刘𬬮，在海门镇募集的兵士，总数共有二千人。他们唯一的任务，就是替刘𬬮采集奢侈品珍珠。为了统治者的腐朽生活，被迫在五百尺的深度下和海水搏斗，几多人因此丧失了生命。匡胤灭掉南汉，就宣布废罢媚川都，将少壮的编入军队，老弱的分别遣散。又禁止人民以采珠为业，这才改变了岭南风俗。从此以后，岭南地区人民更加积极投入农业生产。[②]

另一个重要问题是垦荒。匡胤等对这个问题，没有拿出更有效的办法。他们没有正视土地问题的严重性，而适当地试图解决。只是从法令上公布了一些条文，显然这些条文的作用绝不会是太大的。不过某种程度上，未尝不能起些刺激的效果。例如对新垦田亩赋税的开征，乾德四年（公元966年）有这样的规定：

> 所在长吏告谕百姓，有能广植桑枣、开垦荒田者，并只纳旧租，永不通检。[③]

又规定：

---

① 《续资治通鉴长编》卷十二。

② 王辟之《渑水燕谈录》卷九；人数根据《续资治通鉴长编》卷十三。

③ 《宋会要辑稿》，第5册，第4809页，《食货一》。

县令佐能招徕劝课，致户口增羡、野无旷土者，议赏。[1]

一面对新垦土地暂不加税，一面给那垦荒有成绩的官员以一定的奖励。此外又在《刑统》里规定说，凡州县部内有田畴荒芜的，按照荒田面积百分比来科罚。这对垦荒政策的推行，提供有力的保证。至于每年年头照例公布的劝农令，那就不必一一列举了。

有人为了祭神祈福，将大量农具销毁，来铸成佛像和铁塔，这会促成农具缺乏，生产发生困难。针对这种情况，匡胤禁铸无用铁器，来防止影响农作。有人不爱护树木，滥伐桑枣充作燃料。匡胤对这种情况，也明令实行禁止。[2] 桑枣等树，属于经济作物，前者对蚕丝业的发展有着密切关系。匡胤对于破坏桑树的惩罚，是十分严厉的。他曾经宣布说，凡剥桑树三工以上，为首的人处死，从犯流三千里；不满三工数字的，为首减死配役，从犯徒三年。[3] 其实他不止单纯消极地保护，并且要从积极方面推动它的发展。他采用强制的办法，限令农民种植桑枣。建隆二年，曾颁布过一项有关种树的法令：每县将民籍定为五等，第一等种杂树百棵，以下每等依次递减二十棵。如果种植桑枣，只要达到定额半数，就算作符合标准。[4] 保护和奖励种桑，直接关系生丝的增产，保证丝织业原料来源。它的发展与否，影响到丝织业的盛衰。这对北宋手工业的发展，有着非常密切的关系的。

整理田赋，取消农民不合理的负担，在土地兼并日渐激烈的情况下，虽然是一个极不彻底的办法，但对生产的恢复和发展，也并非全无好处的。例如柴荣实行均括田租办法，查出许多隐瞒的土地，打击了地主豪强的隐漏行为，也增加了封建国家的税收。这是统治阶级改良的主要目的。但在农民方面，“有地不必有税，有税未必有地”的不合理现象，在某种程度上得到调整，他们的生活也可略为改善，从事生产的积极性自然相对地可以提高。

---

① 《宋史》卷一百七十三《食货志》。

② 《续资治通鉴长编》卷十三、卷三。

③ 《宋史》卷一百七十三《食货志》。同书卷一百九十九《刑法志》：“祖宗时重盗剥桑柘之禁，枯者以尺计，积四十二尺为一功。”

④ 《续资治通鉴长编》卷二。

匡胤在建立皇朝后的第二年，继续采用这个办法，分付常参官到各州均田。他所以派出一批较高级的人员，表面上说成是关心人民的生活，例如他对左右说："比遣使度田，盖欲勤恤下民也。"其实内心里的企图是："今当精择其人，以副朕意。"主要是希望他们认真执行统治者的意图，以便剥削到更多的赋税。这次均田的成绩怎样，历史上缺乏记载，详情不得而知。但据《宋史》说，"建隆以来，命官分诣诸道均田，苛暴失实者辄谴黜"①。事实上当他发觉括田使常准和馆陶县令程迪在括田不能尽职时，真的对他们严厉处罚。② 从这方面看来，这次均田，应当收到一定效果的。

宋初一些所谓"形势之家"，时常抗不交税，甚至用各种手段，将负担转嫁在农民身上。匡胤对地主豪强的漏税抗税，除了实行均田以外，还定出了专门的对付办法。例如在乾德元年，令各县根据管内情况，每年编造一种特殊的文账，详载这些形势户的税额数目，按籍督促，其中一贯"顽滑逋欠"的，必须在限内前半月了足。如发觉有现任文武职官和州县"势要人户"故意隐漏租税的情况，所有干系官员人等，都要负法律上的责任。③ 实行均括田租和别立形势户版簿，多少打击了当时的豪强富室，减轻农民部分不合理负担，为发展生产创造条件。当然，这种对地主阶级的打击，是极有限度的。赵匡胤所以这样做，完全是为了地主阶级长远利益打算，这也是必须揭明的。

南宋初年绘制、清人重绘的《耕织图》

上面我们曾经提到匡胤的

① 《宋史》卷一百七十三《食货志》。

② 《续资治通鉴长编》卷二。

③ 《宋会要辑稿》，第7册，第6371页，《食货七十》。

养兵政策，从这个政策的提倡，可以看到他接受过去农民战争的教训，对挣扎在饥饿线上的农民，极力加以吸收和诱骗。不过在北宋初期，由于匡胤避免扩大兵员名额，实行这种政策的后果，没有达到严重的地步。许多受天灾人祸侵袭的农民，官府采取一些救济办法，给予一点小恩小惠，以免他们流离失业，“铤而走险”，影响统治秩序。在这些办法里面，有属于帮助流民回乡生产的，例如：

乾德元年闰十二月：“或言上将北征，大发民馈运。河南民相惊逃亡者四万家，上忧之。丙寅，命枢密直学士薛居正驰传招集，踰旬乃复故。”

开宝六年正月：“诏诸州流民所在计程给以粮，遣各还本贯，至日更加赈给。”

同年三月：“诏诸州流民复业者，蠲今年蚕盐钱，复其租，免三年役。”①

有属于免除赋役的，例如：

乾德五年七月：“委诸道州府长吏预告人民，有灾伤处并放今年租赋。”

开宝元年六月诏：“应诸道州县民田，有经霖雨及河水损败者，今年夏租及缘纳物，并予放免。”

开宝七年十一月：“放蒲、晋、陕、绛、同、解六州所欠租税。关西诸州，特蠲其半，以灾伤故也。”②

有属于赈济饥荒的，例如：

建隆三年正月：“命淮南道官吏发仓廪，以赈饥民。”

同年十二月：“蒲、晋、慈、隰、相、卫六州饥，诏所在发

① 《续资治通鉴长编》卷四、卷十四。

② 《宋会要辑稿》，第7册，第6448页，《食货七十》。

廪赈之。”

乾德三年三月：“诏诸道发义仓赈饥民者勿待报。”

开宝元年五月：“赐江南米十万斛，民饥故也。”[①]

蠲免、赈灾等措施，是北宋开国以来一贯的政策。[②]《刑统》有这样一条规定：

诸部内有旱、涝、霜、雹、虫、蝗为害之处，主司应言而不言及妄言者，杖七十。覆检不以实者与同罪。若致枉有所征免，赃重者坐赃论。[③]

这项条文的规定，虽然统治者的着重点是在防止赋入损失，但也反映出当时灾害的蠲免次数不会是很少的。为了重视荒政，匡胤曾一度恢复义仓制度。可是行了三年，发觉反而扰民，以后就宣布废止了。因为义仓里存储的粮食，是从农民两税额外征取的，规定是税粮一石，附加一斗，结果反而增加了农民的负担。[④] 以上措施，匡胤主观意图，在于招诱流民复业，使农民有个“休养生息”的机会，以便于自己残酷的压榨，保证封建国家的税源。但在客观上是符合当时发展生产需要，所以在不同程度上，起着促进生产的作用。

---

① 《续资治通鉴长编》卷三、卷六、卷九。

② 《宋史》卷一百七十四《食货志》：“宋克平诸国，每以恤民为先务。……一遇水旱徭役，则蠲除倚格，殆无虚岁。”

③ 《宋刑统》卷十三。

④ 《文献通考》卷二十一。

兴修水利

宋初实施经济改良政策中，水利建设被提到前列地位。因为除去一般的防洪、灌溉和运输交通以外，水利的开发还有它的特殊意义。这种特殊意义，也就是和稳定北宋政权，巩固它的中央集权制，奠定他的长期统治，有着密切关系。马克思和恩格斯都这样认为，在亚洲的国家中，水利事业等公共工程的建设，是政府必须实现的经济功能。恩格斯还这样说过："政治统治到处都是以社会职能的执行为基础的，而且政治的统治，只有在它执行了这种社会职能的场合下，才能长久保持下来。"① 匡胤在建立政权初期，立即在中原地区从事水利建设，不外也是为了企图达到"长久保持下来"的意愿。

北宋张择端《清明上河图》（局部）中的开封城。开封城的空前繁荣，依赖于以其为核心的水道交通网。从后周柴荣到北宋赵匡胤，兴修水利，整治漕运，终于将首都开封建设成为当时世界上最繁荣的城市之一。

① 《反杜林论》，人民出版社，1956 年版，第 185 页。

宋初主要水利工程建设，可以划分为治黄和整运两大体系。黄河水患，受五代时期战争和政治腐败的影响，情况显然是严重的。自从后周显德初（公元954年），大决于东平（今山东省）的杨刘，决河始终没有返回故道，别行离溢而出形成赤河。入宋以来，水灾屡有出现。匡胤对待这些灾害，采取修治、植树和加强巡查等办法。修治工程，除了乾德元年，令重凿砥柱、三门外，主要是修筑堤岸和堵塞决口。例如在黄河改道地方，发动人民修筑遥堤捍御，每次河决以后，立即征集丁夫和州兵进行堵塞。值得注意的是，从乾德五年开始，定下每年例修的制度，以年头正月到三月为期，发动畿甸等处丁夫缮治。由消极的临时堵塞，转变为经常性的防治，这是一个很大的进步。

植树可以防洪，又可供应修河需用的木料。匡胤对这曾一再申令，如建隆三年诏：

> 沿黄、汴河州县长吏，每岁首令地分兵种榆柳，以壮堤防。

到后来又采取课种办法，这就是在开宝五年下的命令：

> 自今沿黄、汴、清、御河州县人户，除准先敕种桑枣外，每户并须创柳及随处土地所宜之木。量户力高低，分五等：第一等种五十株，第二等四十株，第三等三十株，第四等二十株，第五等十株。如人户自欲广种者亦听；孤老、残患、女户无男女丁力作者，不在此限。①

为着职有专掌、责无旁贷，乾德五年，在开封、大名、郓、澶、滑等十七府州，实行用长官兼本州河堤使，加紧对黄河的巡查。开宝五年，改为各置河堤判官一员，用本州通判充任。此外，匡胤本想大规模修治黄河，恢复东平大决以前的黄河故道。但因工程浩大，而当时全国又未统一，元气还未恢复，不可能集中更大的人力物力举行修河，结果这个计划没有实现。但是，宋初治黄是有成绩的，匡胤统治的十七年中，只有七年有黄灾

① 以上引文，录自《宋会要辑稿》，第8册，第7546页，《方域十四》。

记录，虽然总共溃决了十多次，却始终没有出现比较严重的灾害，应当说是劳动人民与洪水斗争的胜利。①

北宋建都开封，依靠四方的漕运。由于五代时期，开封不仅是一个著名的政治中心，而且已经形成为一个经济中心。以京城为核心的水道交通网，从柴荣统治时代，便已建立起来。不过还没有达到完善，它的作用受到许多限制，不能充分发挥。匡胤继续加以整治，进一步扩大运输的能力。主要的治运工程有四：

一、汴河 是北宋最重要的一条运河。因为上游接连黄河，影响河口每年改道，京城常有决溢危险。为了解除这带人民的灾难，建隆二年，在上游疏导了索水和须水，使它们合流入汴。次年又在沿汴州县，课民夹岸种植榆柳，来巩固沿岸的堤防。

二、蔡河 即闵河，后改名惠民河。这条河的河身很浅，航道上只得“植木横栈，栈为水之节，启闭以时”。建隆元年首先改善，疏浚蔡河水道，建设闸门来调节水量。又引上游的闵水，到新郑（今河南省）和蔡河合流，直灌京师。次年又疏浚了下游，使它畅流南入颍川。这次大修跨越两个年度，到建隆二年全部完成。杰出的水利专家陈承昭，动员夫力几万人，担任了这一艰巨工作。以后到乾德二年，又进一步实行改善，开凿一条水渠，自长社（今河南许昌）将潩水引至开封，会入蔡河水道，使它得到上流诸水的调节，航运更加便利。

三、五丈河 后改名广济河。这条河的河床淤塞，不便行船，宋初不得不加以整治。建隆二年，集合几万丁夫，一面疏浚河身，一面引京、索、蔡河的水，流入五丈河道，充实了水源，增加了流量，消除了淤塞的现象。

四、金水河 建隆二年开凿，自荥阳（今河南省）黄堆山引水过中牟，共一百多里，直至都城西面东汇入五丈河。这两项出色的工程，又都是劳动人民在陈承昭领导下筑成的。②

经过宋初的整治，以汴京为中心的水道交通网的扩建，加强了中央政府和各地区之间的军事、政治和经济的联系，特别是南北之间的联系，大

① 以上叙述，根据《宋史》卷九十一《河渠志》。

② 《宋史》卷九十四《河渠志》；年份俱照《宋会要辑稿》，第8册，《方域十六》。

有助于全国的统一。同时，匡胤建立军事集权制度，集中庞大的军力，分布在统治基地的京畿周围，这样就要求有适应的运输交通，来输送粮食和其他军事给养。发展水道交通网的结果，就形成了下面的情况：

> 凡水运，自江淮、南剑、两浙、荆湖南北路，运每岁租籴至真、扬、楚、泗州，置转般仓受纳，分调舟船，计纲溯流入汴至京师。发运使领之。诸州钱帛杂物军器上供亦如之。陕西诸州菽粟，自黄河三门沿流入汴，亦至京师。三门、白波发运使判官催纲领之。陈、颍、许、蔡、光、寿诸州之粟帛，自石塘惠民河沿泝而至，置催纲领之。……京东诸州军粟帛，自广济河而至，……亦置催纲领之。四河所运，国初未有定数。①

大概汴、蔡两河，每年要运江淮稻米几十万石，来供应京师地区军粮。这样使得中央政权兵精粮足，“天下莫敌”，地方割据势力的复辟，可能性就大大减少了。

北宋张择端《清明上河图》（局部）中的开封城

从经济价值说，水利的兴修可以减轻洪水的灾害，增加灌溉面积，同时也保证了城乡物资的交流；对于恢复和发展农业手工业，都有很大帮

① 《宋会要辑稿》，第6册，第5604页，《食货四十六》。

助。我们且看疏凿蔡河之后，马上出现了“舟楫相继，商贾毕至，都下利之”[1]。浚深了五丈河之后，“京东自潍、密以西州郡，租赋悉输沿河诸仓以备上供。……始得舟楫通利，无所壅遏”[2]。溟水在未曾整治时，每逢春、夏霖雨，河水泛溢，淹没民田。自新渠凿成，这带的水患绝迹，而蔡河的水量充足，漕运更加畅通。[3] 其中汴河水道，是当时南北交通的大动脉，对中原地区的经济生活，关系最为密切。张洎曾说：

> 唯汴水横亘中国，首承大河，漕引江湖，利尽南海。半天下之财赋，并山泽之百货，悉由此路而进。[4]

此外，在黄河流域的自然条件下，人工灌溉仍然是农业生产一个重要条件。整治以后的黄、运等河，都可以充分利用作为恢复和发展农业的基础。这样宋初的水利建设，对于当时社会经济的稳定和恢复，又提供了重要的贡献。

---

① 《宋会要辑稿》，第8册，第7586页，《方域十六》。

② 王曾《王文正笔录》。

③ 《续资治通鉴长编》卷五。

④ 《宋史》卷九十三《河渠志》。

促进工商业的发展

水运事业的发展，国内市场进一步联系加强，对促进工商业发展，是起了很大作用的。不过这并不是唯一的原因，更重要的是北宋生产力的发展，已超过了唐末五代水平。这个重大成绩之所以获得，主要当然要归功于劳动人民的生产实践；但和匡胤恢复全国统一，实行一些经济上的改良措施，都有间接的关系。因为“商品生产发展道路上的一大障碍是封建割据”[①]。北宋集权国家的重建，开始扫除这种障碍，加强了国内各个地区间的联系，因此就能促进了这种发展，替北宋的商品经济铺平一条道路。

北宋王居正所绘《纺车图》。纺织业是当时分布最普遍的手工业。

宋初随着农业逐渐恢复，手工业也迅速地发展起来。纺织业是分布最普遍的手工业，官府在京城开设绫锦院，又在西京、真定、青、益、梓等州，都开设了织造场院。江宁、润州有织罗务，梓州有绫绮场，潭州有绫绵务，湖州又有织绫务。[②] 这些官营纺织业作坊，是为着供应赵宋皇室、官僚机构和军队的消费而设的。它们的所在地，都是当时纺织业的中心。

① 苏联科学院经济研究所编：《政治经济学教科书》，人民出版社，1959 年修订第三版，第 39 页。

② 《文献通考》卷二十。

例如东、西二京的绢，虢州和滑州的方纹绫、花纱和绢，青州和潍州的仙纹绫、绢，魏、博的绸、绢，镇州（即真定）的瓜子罗、孔雀罗、春罗，定州的两窠纹绫、罗绮，益州的绫、罗、绝、绢，梓州的纹绫、水波绫，扬州的锦和白绫，杭州的白编绫，昇州（即江宁）纹绫，湖州吴绫，越州越绫，这些精美的产品，都是劳动人民用无比的智慧创造出来的，在宋初已经崭露头角，有许多被统治者用“贡品”方式大量进行掠夺。大抵河南、河北、两川、江南等地区，丝织业都很发达。① 匡胤奖励蚕桑的政策，对于这个发展，多少也起些促进作用。

北宋煮盐业的发展，又远远超过唐代。对煮盐业的重视，从赵匡胤统治时代便开始。包括盐铁使在内的三司，被提高到“计相”地位。当时盐产的种类，主要有下列三种：

一、池盐 出产在西北一带，最著名的产地是解州（今山西解县②）；其次是灵、盐、宥等州。在盐池上生产的劳动人民叫畦夫。畦夫在每年二月垦地为畦，四月引池水灌入，叫做种盐。经过太阳的蒸发，水分逐渐干涸，便制成盐了。

二、末盐 出产在河南、河北、淮南、江南、岭南等道的沿海一带。淮南的通、泰州和海陵监，是最著名的产地。其次是楚州的盐城监和浙西的嘉兴、临平二监。在盐田里生产的劳动人民叫亭户。亭户用人和牛牵曳刺刀，先刮取碱土作卤，贮入卤槽，然后载运入灶屋，用火煎煮，便可成盐。

三、井盐 出产于两川。富国、陵井、富顺、大宁等监，都是著名的产地。制盐的井户，用函从井里汲水，加以煎煮，便可成盐。③

矿业和冶铸，在很大的程度上，控制在官府的手里。宋初最大的铁冶，要数兖州附近的莱芜监、徐州附近的利国监，铜矿在东南比较集中，江南的宣、池、饶、信州和兴国军，都是产铜较多的地点。有的铜矿产区，同时也出产银，如上述的池、饶、信州，福建的汀州等都是。西南一带像黔、夷、费、思等州，以产水银、朱砂著名。铸造铁器，首推邠州

① 参考乐史《太平寰宇记》。
② 山西解县，现已撤销，其地属今山西省运城市盐湖区。——编者注
③ 以上叙述，根据《宋史》卷一百八十一《食货志》，《太平寰宇记》卷一百三十、卷八十五。

（今陕西邠县[①]）和舒州（今安徽安庆）。前者打造的剪刀和火筋，技术精好，国内闻名。桂州（今广西桂林）的铜器，益州（今四川成都）的铜盆，扬州的铜镜，都是当地劳动人民著名的制作。[②] 北宋铸钱业虽然发达，但在初年所铸数量不多。匡胤开始曾铸"宋通元宝"钱，到后来灭蜀，又在雅州（今四川雅安）置监，铸造铁钱。较大规模的铸钱业，是在统一江南以后才发展起来的。[③]

军器业和造船业，都具有较大的规模。制造军器的场所，有开封的南、北两大作坊。极盛时南坊的军校、工匠有三千七百多名，北坊四千一百多名。他们制造兵器、戎具、旗帜、油衣、藤漆杂器等一切军需应用器物。作坊内部分工，共有五十一个部门，包括木工、竹工、漆工、棕工、铜工、银工、角工、画工、错磨工、糊粘工、旋工等作。[④]

造船方面，由官府设场制造的，开封城有造船务，相州（今河南安阳）和天雄军（今河北大名）也有造船务；陕西的阳平有造船场。此外，广西的海门镇，曾经造船和交州来往；湖南的朗州，曾为盖搭采石浮桥，打造很多黄黑龙船和大舰，说明都是当时造船业的中心。[⑤] 至于制造海船，则沿海的明州、漳州和广州，都很发达。[⑥]

为皇室制造消费用品，拥有一系列的皇家手工业作坊。所设置的地点，主要是在开封：

八作司　管理京城内外的土木建筑工程。所谓"八作"，是指泥工、赤白工、桐油工、石工、砖工、瓦工、竹工、井工等分工。可见这个机构，具有一定的规模。[⑦]

窑务　分东、西两务，是制造砖、瓦等物，主要用作建筑器材。匠人区别为十种，有瓦工、砖工、装窑工、火色工、粘校工、鸟兽工、青作工、积工、籴窨工、合药工等之分，说明内部分工，已经很细致。

水磨务　也分东、西两务，用三班内侍充工匠，共二百零五名。专管

---

① 陕西邠县，现为陕西省咸阳市彬县。——编者注
② 以上叙述，根据《太平寰宇记》各州所列土产门。
③ 《宋史》卷一百八十《食货志》。
④ 《宋会要辑稿》，第8册，第7368页，《方域三》。
⑤ 《续资治通鉴长编》卷二、卷三、卷十三、卷十五。
⑥ 《太平寰宇记》卷九十八、卷一百二、卷一百五十七。
⑦ 谢采伯《密斋笔记》卷一。

水硙磨麦，供给皇家内外的食用。

冰井务　建隆二年置，专管窖藏冰块供给宗庙祭祠以及其他用途。

铸钱监　专管制造铜、铁、鍮、石等器具。[①]

内酒坊　专管酿酒，计有法糯、糯酒、常料等三种。[②]

宰杀务　专管宰杀牛羊。

染院　专管染丝枲币帛。[③]

以上事实表明，宋朝手工业的发展，特别是官营手工业的规模，在匡胤统治时期，已打下良好基础。

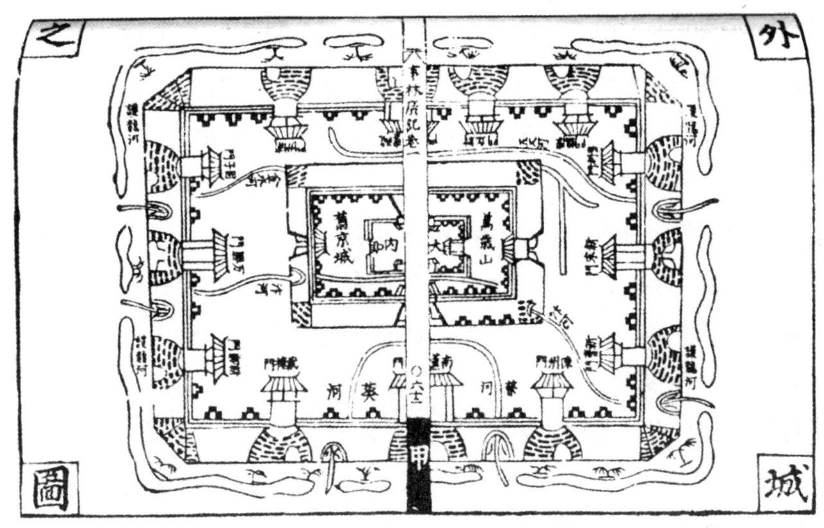

《事林广记》中的北宋开封城地图

如上所说，匡胤在进行统一战争的同时，颁布了划一的度量衡器，改进了以开封为中心的水道网，逐渐扫除商业发展的障碍。交通的改进，使汴京城成为全国最大的商业中心。在这种新形势下，经过柴荣扩建的京城，已经不能适应经济发展的要求，匡胤不能不在开宝元年（公元968年），将京城再加扩建。此外，在匡胤执行的政策中，和商业发展关系最密切的，还有改革币制和减轻商税两项。

从建国第二年开始，他颁布一项法令，过去流入各州使用的铁镴钱，

---

① 《宋会要辑稿》，第6册，第5748—5758页，《食货五十五》。

② 同上，第8册，第7368页，《方域三》。

③ 《宋史》卷一百六十五《职官志》。

一律禁止在市面上流通。官府铸造“宋通元宝”钱，作为新的流通货币。钱币趋向统一，也是一个重大的改革。它对北宋商业的发展，起了促进的作用。以后在建隆三年（公元962年）和乾德五年（公元967年），一再重申这个禁令，并且限期将民间收藏的铁镴和轻恶小钱，由官府全部收回，不得流通，更不得私铸，私铸的罪至死。[①] 为着控制货币和汇兑，仿效唐代飞钱办法，准许商人入钱京师的左藏库，凭券据到诸州“便换”。开宝三年（公元970年），更在东、西两京，设置便换的专门机构，名叫便钱务。特令诸州长官，遇商人持券兑款，必须当日给付，不得稽迟，违者科罚。[②] 便钱的措施，对商人携带货款旅行，给予很大方便，它反映出当时商业发展的要求，也为北宋国内市场加紧联系，创造了条件。

匡胤和当时的统治集团，又实行对商人让步的减税政策。五代时，“诸国益务掊聚财课以自瞻，故征算尤繁”[③]。这就是“封建主任意规定货物进口税，征收过境税，因而给商业的发展造成严重的障碍”[④]。匡胤为了增加收入，正在实行的改良措施，当商业利润收益，随着社会经济的发展而日益重要的时候，很自然地把商业政策也包括在内。所以在建立北宋皇朝的同年，他宣布一项对商人让步的法令，说：“所在不得苛留行旅，赍装非有货币当算者，无得发箧搜索。”同时正式公布《商税则例》，命令各地税收机关，将商品的名称税则写成榜文，在衙门的墙壁张贴起来，使商人缴纳商税易于知晓。这张税目清单，如果没有中央政府的批准，不准擅自改动，或者滥添新税。这个规定很严格，一直成为宋朝统治者的“家法”。经过这番整顿，贪官污吏任意勒索，受到了一定的限制，过去那种混乱的局面，就被大大的澄清了。[⑤]

一般贩夫贩妇，进行零碎的交易，入岭南的商人贩运生药，民间织造缣帛的非商品生产，都明文规定了免税。过去沧、德、棣、淄、齐、郓等州，在交通要路的渡口设卡收税，叫津渡钱。和上述同一年，匡胤便下令取消这些地方三十九处的津渡钱，并且声明以后如遇水涨，乡民可以自由

① 《续资治通鉴长编》卷三、卷八。
② 《宋史》卷一百八十《食货志》，《玉海》卷一百八十。
③ 《宋史》卷一百八十六《食货志》。
④ 《政治经济学教科书》，第39页。
⑤ 《宋史》卷一百八十六《食货志》，《文献通考》卷十四。

置渡，不再收税。次年，又对蔡河、颍河、五丈河沿河州县，凡是载粮经过的民船，发出了免收商税的命令。[①] 商税和运费的减轻，对商品经济的发达，不失为一副有效的刺激剂。

以上所说，并不意味着匡胤放弃他对商业加紧掠夺的企图。他虽然减免去部分有碍商业发展的苛税，订定了一些新的税则，但是当日商品的交易运输，仍然负担着各种商税。随着商业的日渐发展，刺激起统治阶级对商业掠夺的欲望，尤其是因为农民的负担已经十分沉重，这样统治阶级的视线，自然就转移到攫夺商业利润这一方面。南宋陈傅良说：

> 自建隆圣人，专务宽厚，不忍以加赋厉农而禄士饷军，堤防大河，固围三边，与夫宾赐祭享，凡邦国大用不可已者，往往十有六七，仰给于征榷之吏。[②]

他还说到宋朝“征榷之入，累数十百倍于古”。说明当时的统治者，加紧他对商业的剥削，达到空前的地步。但这在另一方面又反映出当时商业的发展，已经是大有可观的了。

宋人所绘《雪涧盘车图》，表现了商人的艰辛。宋朝一方面加强对工商业的扶持，另一方面也加大了对其的掠夺。

从宋初开始，官府就牢固掌握着几种生活必需品，保持封建国家的专卖权利。这种被封建国家垄断的商品，包括盐、茶、酒、香、矾等。专卖虽然只是继承前代的政策，匡胤却将它大大地扩充了。为着维持这种商品的独占，统治阶级掌握着国家权力机关，凭借法令来加以强制，严格制止私贩活动。这样北宋皇朝掌握这宗巨大财富，帮助了皇权的巩固和提高。同时，它解决了部分财

① 《宋史》卷一百八十六《食货志》；《宋会要辑稿》，第 6 册，第 5038 页，《食货十七》。

② 《止斋先生文集》卷三十八。

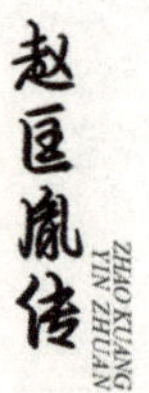

政开支，相对地减轻他对农业的压榨。从这一意义说，又起了缓和阶级矛盾的作用。不过，强大官手工业的存在，和实行对某些商品的垄断，就妨碍了个体生产和商业的自由发展，受着浓厚封建性压迫的手工业劳动者，不断被迫掀起尖锐的阶级斗争。开宝五年，广南的海门监，有盐户庞崇等的起义。说明即使在匡胤统治期间，这种情况就已经出现。

至于国外市场的开辟，宋初已经有了一个开端。当时的对外贸易，也是受封建国家所操纵。乾德二年（公元964年），在建安（今江苏扬州西南，即后来的真州）、汉阳（今湖北武汉）、蕲口（今湖北蕲春西）三地，成立榷署，目的在于垄断对江南的互市。开宝四年（公元971年）统一南汉，广州便开始设置市舶司，来管理海外的贸易。[①] 当时从海道前来，和我国发生朝贡关系的国家，有占城、三佛齐、大食、高丽、女真等国。[②] 据说“是时市舶虽始置司，而不以为利”。也就是关税和贸易章程，制度还未完备。北方沿边的互市，宋初也对契丹开放了，不过通好的时间较短促，还没有成立管理的机构。[③] 此外如回鹘和“西南蕃”，都通过朝贡方式，交流了许多有经济价值的物资，马、驼、玉、琥珀、毛褐、白氎布、玉鞍辔、琉璃器等物，大批输入我国。[④] 无论海路和陆路，对外贸易只是处在草创时期。官府虽然牢固地控制着它，却未能确立发展的方向。要等到太宗赵炅继承后，随着国内经济的进一步发展，对外贸易才逐渐兴盛起来。

① 《宋史》卷一百八十六《食货志》。
② 《宋会要辑稿》，第8册，第7714—7766页，《蕃夷四》。
③ 《文献通考》卷二十。
④ 《宋会要辑稿》，第8册，第7714页，《蕃夷四》。

捌

对外关系的发展

宋初边防上的守势

五代是历史上民族战争严重时期之一。当时中央政权主要的威胁，来自北方。北方各族里，要数契丹为最强。中原皇朝的统治阶级，为了保持他们对农民的压迫和剥削特权，往往和外来侵略者相勾结，甚至为了争权夺利，勾结另一族的统治阶级，假借他们的力量来扩张自己的势力。这样一来，就给外来侵略者造成机会，刺激起他们南下野心。例如据守定州的王处直，怕李存勖进攻自己，竟派儿子王郁游说契丹统治者，公然诱导他们入侵。建立后晋皇朝的石敬瑭，割弃了幽云十六州大片领土，换取契丹族出兵，帮助他覆灭后唐的统治。从这时候开始，便使当时汉族的劲敌契丹，取得战略形势优越地位，同时惹起他们的统治集团更加蔑视后晋。这事的发生刚巧十年，在石敬瑭身死以后，契丹在它的封建贵族领导下，曾一度侵入了中原地区，攻占后晋的首都开封城，俘虏后晋皇帝石重贵。后来因为各地人民纷纷起来反抗，侵略者才被迫撤退，临撤退时还沿路驱虏劫掠。到后周柴荣统治后，虽然收复了三关和瀛、莫等州失土，但是大部沦陷地区，依然被契丹族所控制；割据山西的北汉政权，一直受着契丹贵族的保护，成为北宋统一事业一大障碍。

当赵匡胤建立北宋，筹划他的统一政策时，摆在他面前的，有两条不同的道路：一是趁着契丹在耶律述律的腐朽统治下，继承柴荣的胜利结果，打垮契丹在幽、云的统治势力，割断北汉政权和契丹的联系，然后合并北汉。二是采取先南后北的策略，避免和契丹发生冲突，首先攻取南方的割据各国，然后出兵北伐。留着北汉做个缓冲地带，作为最后消灭的对象。等到全国统一以后，再和契丹打交道，收复幽、云失地。北宋统治集团，在两者之间权衡轻重，选择了后面一条道路。

上自即位，数出微行，或过功臣之家，不可测。赵普每退朝，不敢脱衣冠。

一夕大雪，普谓上不复出矣。久之，闻扣门声异甚，亟出，则上立雪中。普皇恐迎拜，上曰："已约吾弟矣。"已而开封尹光义至，即普堂设重裀地坐，炽炭烧肉，普妻行酒，上以嫂呼之。

普从容问曰："夜久寒甚，陛下何以出？"

上曰："吾睡不能著，一榻之外，皆他人家也，故来见卿。"

普曰："陛下小天下耶？南征北伐，今其时也，愿闻成算所向。"

上曰："吾欲收太原。"

普嘿然良久，曰："非臣所知也。"

上问其故，普曰："太原当西北二边，使一举而下，则边患我独当之，何不姑留以俟削平诸国？彼弹丸黑子之地，将何所逃？"

上笑曰："吾意正尔，姑试卿耳。"于是用师荆湖，继取西川。①

根据这个策略，匡胤对外采取了防御的守势，着重在"保境息民，不欲生事"八个字。有人认为，当匡胤建立政权时代，正是契丹贵族统治力量削弱的时代，匡胤没有把握这个时机继承柴荣的北伐政策，却先向南方用兵，这是策略上的一种错误。首先提出这个问题的，恐怕是北宋的欧阳修。他说：

夫兵法，决机因势，有不可失之时。世宗南平淮甸，北伐契丹，乘其胜威，击其昏殆，世徒见周师之出何速，而不知述律有可取之机也。是时述律以谓周之所取，皆汉故地，不足顾也。然则十四州之故地，皆可指麾而取矣。不幸世宗遇疾，功志不就。②

---

① 《续资治通鉴长编》卷九。

② 《新五代史》卷七十三《四夷附录·契丹传》论。

从这番议论里面，我们可以看见欧阳修的感叹是有所指而发的。显然他认为世宗死后，北伐事业后继无人，因此深为不满。不过他不敢公开批评赵匡胤，只是在字里行间，透露出那么一点半点消息。但是他的观点，一直还被现代人继承着。

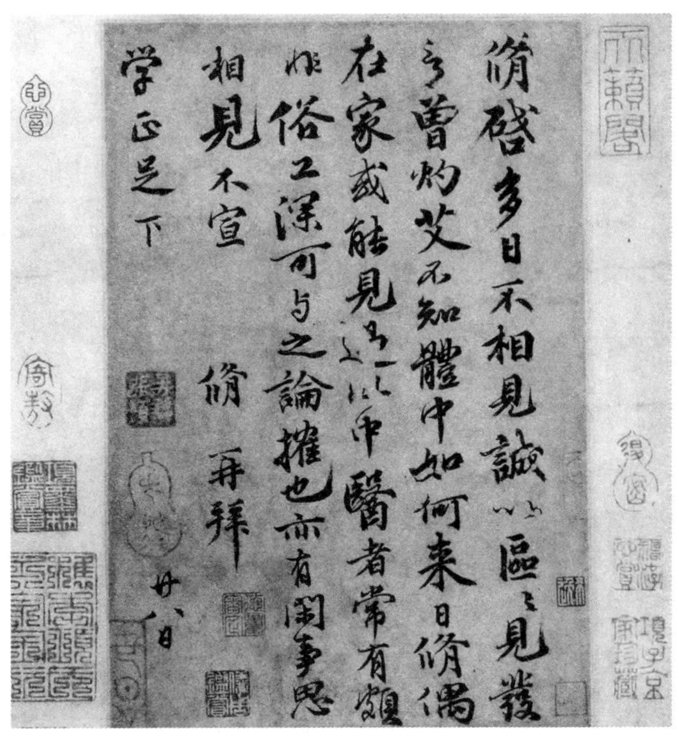

欧阳修的书法（《灼艾帖》）。在统一战略的问题上，欧阳修坚持认为『先南后北』之策不妥，这也代表了宋朝以后很多人的看法。

其实这番议论，是很难使人心服的。因为从当时历史条件看来，匡胤采取先南后北的策略，是必要的，无可非议的。要说明这一点，首先要找出当时存在的主要矛盾。毛泽东同志教导我们说：“在复杂的事物的发展过程中，有许多的矛盾存在，其中必有一种是主要的矛盾，由于它的存在和发展，规定或影响着其他矛盾的存在和发展。”① 因此，正确方针策略的制定，应当取决于当时的主要矛盾。如果抓住这个主要的矛盾，一切问题都会迎刃而解的。

北宋初期，从民族矛盾方面讲，显然不是主要的一面。契丹统治者耶

① 《毛泽东选集》，人民出版社，1952 年第二版，第 1 卷，第 308 页。

律述律，生活腐化堕落，契丹在他的统治下，内部矛盾迭起，统治力量正在不断地削弱中。北汉的统治者刘钧，他的政权实际是在契丹卵翼之下。自从联合李筠侵宋失败，随时有遭受宋军袭击的可能。又因受契丹统治者残酷榨取的结果，北汉和契丹之间的矛盾也日渐表面化起来。因此在军事上，两国基本采取的是守势。虽然也爆发过一些规模不大的战争，但是北宋国防前线，大体还算安静的。

其次，说到国内两个敌对阶级的矛盾，作为封建社会向前发展的基本矛盾讲来，它呈现出进一步发展的形势。但是北宋政权的建立，并非处在农民战争爆发的严重时代，而且赵匡胤的统一事业，体现出人民渴望和平统一的意志，因而受到人民群众的热烈支持。另一方面，从郭威、柴荣到赵匡胤，都实施了一连串对农民让步的政策，在一定程度上缓和了这种矛盾。所以上述两种矛盾，都没有取得当时的主导地位。

现在，让我们来看第三种矛盾，即统治阶级内部的矛盾吧。在这个时候，地主阶级内部的矛盾，那就比较复杂尖锐得多了。赵匡胤虽然在“市不改肆”的情况下，夺取了政权。但是当他做了皇帝之后，却不是想象那般的风平浪静，立即便太平无事了。相反的正如他自己所说，“一榻之外，皆他人家”，以至于“终夕未尝敢安枕而卧”。赵家政权的巩固，还需要经过一段曲折的斗争过程。这时，统治阶级的内部，充满着各种各样的矛盾。分析起来，有着赵宋和后周新旧两大势力之间的矛盾，中央政权和封建割据各国间的矛盾，最高皇权和藩镇实力派之间的矛盾，此外还有皇帝和功臣之间的矛盾等等。这些问题如果不尽先解决，便直接威胁到皇朝的生存。前面曾经说过，在北宋政权刚建立时，除韩通、李筠、李重进等先后公开反抗外，一时驻在真定的郭崇、陕州的袁彦、蒲州的杨承信、定州的孙行友等，莫不野心勃勃，有的缮甲治兵，有的居心叵测。北宋政权还未巩固，国内形势动荡不安，不能和柴荣统治时期相比。当一个政权建立时，不能不以自身的巩固来作首要的任务。因此我认为统治阶级内部的矛盾，实构成宋初的主要矛盾，集中力量来解决这个矛盾，这才是匡胤当时最主要的课题。

我们如果将两国军事力量作一对比，北宋虽然在统一集权过程中，加强了武装部队的战斗能力，但和契丹比较起来，却未见得能占优势地位。早在后周时期，赵匡胤曾经参与柴荣所发动的主要战争，对于契丹的实力有着深刻的认识。柴荣虽然迅速收复了关南，事实上是“王师数万，不亡一矢，边界城邑，皆望风而下”①。获得胜利的原因，基本是由于守城的汉将投降，而不是军事上的战胜。当柴荣企图进一步攻取幽州的时候，随军将官都不赞同，说明契丹的军事力量依然强大，进一步的斗争胜利属谁，还未可知。契丹在腐朽集团统治下，虽然遭到削弱，但是这个国家本身，还是具有前大战斗力的。每次当北汉被攻，遣使人前往告急时，契丹总是毫不犹豫地出兵干涉。北宋要想修建益津关，契丹便主动出兵阻扰。这时在它的国内，黄室韦、乌古等部起来反抗，也受到镇压。而女真、回鹘、黠戛斯等族，一直和契丹保持着从属关系。这些事实，说明它的国力还是很强盛的。

内蒙古解放营子辽墓壁画《引马出行》

匡胤和当时的高级官员在衡量敌我对比之后，得出的结论是，并没有战胜契丹的把握，这才决定了先南后北的策略。匡胤在统一战争中，取得一连串的胜利，事实是他的对手太弱，而不是他自己的太强。拿当时最大的敌对势力来说，后蜀孟昶的后期统治，武备日渐废弛，王昭远、孟玄喆

① 《旧五代史》卷一百一十九《世宗纪》。

之流，庸懦无识，不懂兵事，竟被用作主帅，以致一闻败迅，便即分崩离析。江南李煜的统治，军政一概委托大臣，当时“老将已死，主兵者皆新进少年，以功名自负，辄抗王师，闻兵兴踊跃言利害者，日有十数。及遇辄败北”[①]。势力较强的国家，尚且如此，其他更不必说了。

正因为这样，所以碰到顽强抵抗的北汉时，宋军也就一再遭遇失败。建隆元年汾州之役，折损了骁将荆罕儒。开宝二年久围太原不下，折损了骁将王廷乂、石汉卿，大将李怀忠中箭受伤，几乎送了性命。匡胤最精锐的亲兵殿前诸班，叩头请愿，请求“先登急击以尽死力”。匡胤却说：“汝曹皆我所训练，无不一当百，所以备肘腋同休戚也。我宁不得太原，岂忍驱汝曹冒锋刃，蹈必死之地乎！”[②] 可见连他自己，也丧失掉必胜的信念。在契丹卵翼下的北汉，尚且几次不能战胜，何况契丹的力量比较北汉又远为强大？所以当匡胤想发动对北方攻势时，不但赵普一人反对，统治集团内部其他人物也都表示反对，恐怕只有极少的例外。张永德说得好：“太原兵少而悍，加以契丹为援，未可仓促取也。”[③] 这些事实，说明尽管这是宋朝内部一个比较强盛的时期，但是我们对赵宋的军事实力，没有理由将它估计得过高的。

经济方面，北宋当时国内的生产事业，亟待于恢复和发展，社会秩序有待于安定和巩固。而且，单靠中原地区的人力物力，不但还不够支持大规模的对外战争，甚至因为经济重心逐渐南移，从中唐以来，统治阶级即依赖剥削南方的物质财富，来支撑他的军队和庞大的官僚机构。由于五代分裂的影响，建立在中原的皇朝，南北联系被切断，便感到财政上窘乏，这也成为当时采取先南后北政策的另一个原因。匡胤曾对他弟弟光义说过：“中国自五代已来，兵连祸结，帑藏空虚，必先取巴蜀，次及广南、江南，即国用富饶矣。”[④] 也就是这个意思。

从契丹国内发展来说，自从阿保机统一各部，受着汉族先进的经济和文化影响，它的社会更加飞跃前进，向着初期封建制过渡。耶律德光统治时代，合并了我国的幽云十六州地区，扩大土地的占领面积，增加了国内

---

① 马令《南唐书》卷五。

② 《续资治通鉴长编》卷十。

③ 同上，卷一。

④ 《东都事略》卷二十三《孟昶列传》论。

农业人口，这样就形成它“民众兵强，莫之能御”的优势地位。就是号称为酗酒怠政的述律，也在执行重农的政策。在他统治的年代，云州便曾贡四茎二穗的嘉禾。公元975年（宋开宝八年），北汉向耶律贤请求救济食粮，契丹一次赠它二十万斛粟，可见当时经济力量的雄厚。契丹的首都上京（临潢府，今内蒙昭乌达盟巴林左翼旗①附近），已经变成一个繁盛的城市。它的背后是“地沃宜耕植，水草便畜牧”的土地。城内有绫锦院、八作司等手工业机构，南城名叫汉城，是并、汾、幽、蓟等州汉人聚居的地方。街道两旁，各有楼房对峙着，这些楼房下面都开设了商店。南门的东首名唤回鹘营，是回鹘商贩聚居的地方。

游牧本来是契丹族的主要经济，这时有了更大的发展。《辽史》说：“自太祖及兴宗，垂二百年，群牧之盛如一日。”② 契丹的统治阶级经常畜牧几万匹“南征马”，来确保对幽云地区的占领。所谓“冀北宜马，滨海宜盐”，这是契丹国内两宗巨大的资源。证明和赵匡胤同时，契丹的社会经济正在不断地向上升，国力充裕，丝毫没有衰退的迹象。《辽史》的编者曾经明白指出，述律政治的腐朽，正因“其资富强之势以自肆”③。这样说来，欧阳修的所谓“不可失之时”和“十四州之故地，皆可指麾而取”，可以说是不符合实际的一种迂阔之论。因此匡胤在对外关系上采取守势，原自有他各种原因，这是我们应当给他肯定的。实行的结果，使得大后方安定宁谧，没有北顾之忧，能够集中力量次第统一各国，对于北宋统一国家的重建，也有着积极意义的。

---

① 内蒙昭乌达盟巴林左翼旗，现为内蒙古自治区赤峰市巴林左旗。——编者注

② 以上叙述，根据《辽史》卷六十《食货志》、卷三十七《地理志》。

③ 同上，卷七十八《耶律夷腊葛列传》。

对契丹的政策

壁画《契丹人引马图》

防御的守势，在对契丹的关系上，表现在三个方面：一是边境上一连串的防御战争；二是显见软弱无力的外交政策；三是蓄意逃跑的迁都议。北宋和契丹之间，最初便存在的两个矛盾，即幽云地区和北汉政权问题，没有得到解决。尤其是后者的存在，构成为北宋恢复统一的严重障碍。这样两国的武装冲突，就很难避免。由于两国的统治集团都没有大规模作战的意图，结果使得这些冲突没有超过局部战争的范围。如果把赵匡胤时代和契丹冲突的次数统计一下，我们可以看到至少有下列八次：

宋初与契丹战争简表

年 份	公元	事 实	备 注
建隆元年	960	宋兵围北汉石州，契丹遣阿剌、萧思温等率部援北汉。	《辽史》卷六《穆宗纪》。
乾德元年	963	北汉诱契丹军攻宋平晋（今山西太原东北）。	《宋史》卷一《太祖纪》。
乾德二年	964	宋遣曹彬等攻北汉辽、石等州，契丹遣挞烈带六万骑援汉，击退宋军。	《十国春秋》卷一百五《英武帝本纪》。
乾德三年	965	契丹侵易州（今河北易县），略居民，匡胤令监军李谦昇率兵入契丹境，“俘生口如所略之数，俟契丹放还易州之民，然后纵之”。	《续资治通鉴长编》卷六。

续表

年　份	公元	事　实	备　注
乾德四年	966	契丹又侵易州，为监军任德义部击退。	同上，卷七。
开宝元年	968	宋围太原，契丹遣挞烈发兵来援。	《辽史》卷七《穆宗纪》。
开宝二年	969	匡胤亲征北汉，契丹分道入侵：一路从石岭关入，被宋将何继筠率部战败；一路自定州西入，被宋将韩重赟率部战败。	《宋史纪事本末》卷十二。
开宝三年	970	定州驻泊都监田钦祚败契丹侵略军于遂城。	《宋史》卷二《太祖纪》。

在这八次战争中，有五次是北汉和契丹联合的。匡胤几次围攻太原，都遇到契丹的干涉。最后一次，虽在两国建立邦交以后，但是契丹还是派了宰相耶律沙、冀王敌烈等，领兵前来阻扰，宋军终于得不到任何战果。① 历次战役中，以开宝三年一次，宋军的战绩最辉煌。李焘记载说：

> 初，契丹以六万骑至定州，命判四方馆事田钦祚领兵三千御之。上谓钦祚曰："彼众我寡，但背城列阵以待之，敌至即战，勿与追逐。"
>
> 钦祚与敌战满城，敌骑少却，乘胜至遂城。钦祚马中流矢而踣，骑士王超以马授钦祚，军复振。自旦至晡，杀伤甚众，夜入保遂城。契丹围之数日，钦祚度城中粮少，整兵开南门，突围一角出。是夕至保塞，军中不亡一矢。北边传言，"三千打六万"。②

其次，北宋中央集权专制制度的弱点，对武人的猜忌，将帅无权，以及军队战斗力逐渐下降等等，影响到抵御外侮力量的削弱。虽然在匡胤统治时期，这种因素还只处在潜伏状态，却影响到当时外交政策的软弱无力。具体表现在收复幽云这个问题上，最为突出。当时最高统治集团对这事所采的态度，是反对使用武力的。赵普所提出的主张，尤为坚决。一天，匡胤拿出一幅地图，上面绘画幽云地区的形势，给赵普同看。这时他们君臣之间，就引起了下面一番对答：

① 《辽史》卷八《景宗纪》。

② 《续资治通鉴长编》卷十一。

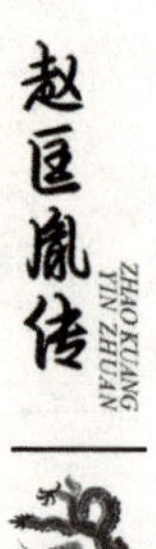

赵普问："这是曹翰绘画的吗？"

匡胤回答并反问："是！你说曹翰能不能攻下这个地区？"

反问："曹翰可以攻，谁人可以守的？"

答："就让曹翰来守罢。"

问："他死了谁来接替呢？"

答：……（沉默许久）"这真可说是深远谋虑了！"①

从这番问答中，我们清楚看到，北宋统治者没有把收复幽云提到更早更高的地位，正因为当时国内的主要矛盾还未能解决。也正因为他们实行对武将猜疑与防范，自然就影响到他们的外交决策了。

既然反对使用武力，那么对于这个问题的解决，匡胤又采取怎样的办法呢？事实表明，匡胤在收复失地这个问题上，是倾向于怯懦的贿赂政策的。从他首次削平割据势力开始，所得到的"帑藏金帛"，特别创设一个专库，名叫封桩库，来作储藏之用。这宗积蓄，准备作为经营契丹的经费。后来三司的常赋收入，年终有了盈余，也将来存入本库。他对近臣们表示：

欲候满三五百万，即以与契丹，以赎幽燕故土，不从则为用兵之费。②

又说：

契丹数侵边，我以二十四绢购一契丹首，其精兵不过十万，止不过费我二百万匹绢，则契丹尽矣。③

从这些话中，可以看出匡胤是企图避免战争而倾向于"息事宁人"的。这个策划本身，已经表现出软弱妥协的精神。及至次第合并两川、岭南等地，储备充羡，却一直未见他有什么行动。因此他的声言要积蓄金帛，进

① 《东都事略》卷二十八《赵普传》。

② 《石林燕语》卷三。

③ 《续资治通鉴长编》卷十一。

行赎买，也只是虚张声势，一张不兑现的支票罢了。

另外一个表现，就是匡胤的迁都建议。当北宋和契丹通好后，他首先提出这个问题，认为洛阳位在全国中央，主张先迁都那里，次一步再行迁至长安。他的理由是：“吾将西迁者无它，欲据山河之胜而去冗兵，循周、汉故事以安天下也。”①从表面上看，他的主张似乎是一个一劳永逸的长远计划。但是仔细分析，实质上是一个怯懦的逃跑政策。因为开封的地理位置是在黄河以南，所谓中原“四战之地”，自从幽云地区沦陷，北方门户洞开，这里以北，正是一片平原，契丹兵马如果南侵，京城最受威胁。我们不否认当时的首都，也就是封建皇朝发号施令的神经中枢，它的安危，甚至影响到皇朝的兴亡命脉。但是，保卫这个政治、经济、文化中心最好的办法，应当是积极收复幽云，进守今日长城一线，来据有“山河之胜”，而不是要将首都迁避到西北。

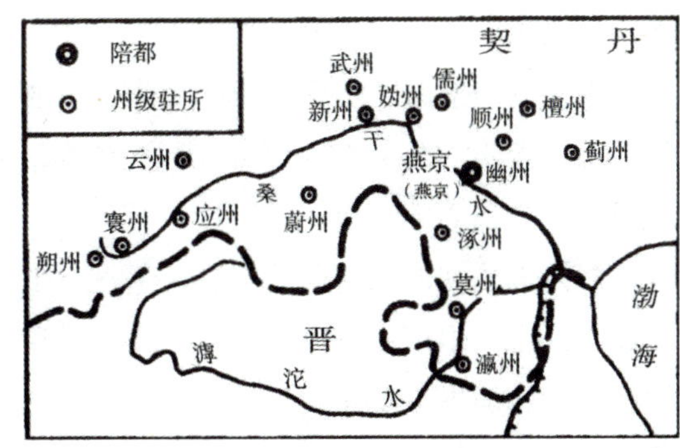

幽蓟十六州形势图。幽蓟十六州，后又称幽云十六州、燕云十六州，包括今北京、天津以及山西、河北北部的十六个州，地势险要，易守难攻。后晋石敬瑭称帝时，将此地割让给契丹，从此中原门户顿开。

事实告诉我们，即使首都具有这样的形胜，如果国防力量没有增强，实际也不能解决问题。这次迁都建议，因统治集团内部激烈反对，未曾获得实现。及至最后匡胤接受弟弟光义的谏阻，决定打消原意时，曾经这样说道：

> 晋王（光义）之言固善，今姑从之。不出百年，天下民力殚矣。②

他的这个推断，不幸被猜中了。但是百年之后，造成冗兵冗费的原因，却

① 《续资治通鉴长编》卷十七。

② 同上。

不是如他想象那般，因为开封并不具有山河之胜；而主要是因为中央军事集权制弱点的暴露。相反的当西夏李元昊强盛时代，陕西两路不免同时告急。康定元年（公元 1040 年）延州之败，关中为之震动。这次败仗，主要因为“地阔寨疏，土兵寡弱，又无宿将”①。说明关中即使具有山河之胜，同样也受到外患的严重威胁。何况，北宋时全国经济重心，已经转移到江淮以南。中唐以来，已经形成了“辇越而衣，漕吴而食”。到这时这种政策，更加进一步发展。贯通南北交通的汴河，给开封带来“半天下之财赋”，以及“山泽之百货”，对于统治基地的经济生活，关系非常密切。缺乏这种条件的西北地区，远非周汉时代可比，当时是否适宜建都，实在颇成问题。于是漕运转输，就成为迁都的关键问题了。李怀忠说：

> 东京有汴渠之漕，岁致江淮米数百万斛，都下兵数十万人，咸仰给焉。陛下居此（洛阳），将安取之？且府库重兵皆在大梁，根本安固已久，不可动摇。若遽迁都，臣实未见其便。②

根据以上事实，足见迁都一举，对增强国防力量讲来，没有决定性的意义，勉强迁都，反而增加财赋物资供应上的困难。因此匡胤表面上坚持的理由，也是难以成立的。

---

① 《宋史纪事本末》卷三十。

② 《续资治通鉴长编》卷十七。

对西夏和邻近各族的政策

匡胤的妥协政策不单是表现在对契丹的关系方面，同样也表现在对于西夏以至临近各族的关系方面。例如他对西夏，一方面增强西北边疆的防御，用赵赞、姚内斌、董遵诲、王彦昇、冯继业等将官，严密驻守；一方面争取建立和平关系，来确保边区环境的稳定。匡胤罢除藩镇大权，可说是不遗余力；但对五代以来，就领定难节度使的李彝兴，不特始终将他保存，而且对这个党项族的首领，采取了极尽“羁縻”之能事的手段。有一次，当彝兴前来贡马的时候，特命玉工打造一条玉带，“大如合抱之木”，遣人送给那个肥胖的彝兴。到彝兴死后，又追封他做夏王。因此在十七年中，两国的关系是和好的。宋军几次和北汉斗争，彝兴都给北宋以军事援助。建隆元年（公元960年）的麟州（今陕西神木东北）之役，彝兴曾派部将李彝玉和诸镇兵会合，击破刘钧军队的侵扰。开宝九年（公元976年），彝兴的儿子李光叡，又率所部会同进攻北汉，破关堡寨，斩首七百

甘肃敦煌莫高窟壁画《西夏王妃供养图》。唐朝末年，党项首领拓跋思恭因镇压黄巢起义有功，被封为定难军节度使，并赐姓为李。此后，李家世代领有定难军，割据夏州（今陕西省榆林市靖边县北），是为西夏（1038—1227）前身。传至李元昊，正式称帝建国。

级，获牛羊以千计。① 虽然这样，但是匡胤一直没有放松戒备。

灵武节度使冯继业，暴戾骄恣，不时出兵劫掠羌族羊马，匡胤恐怕惹起反抗，只得将他内调，另派段知恭知灵州。据说知恭到任后，"悉心绥抚，夷落安静"②。

秦州附近一带，居住着许多吐蕃族人民。这里蕴藏着巨大的林木资源，吐蕃各部人民，把它看成主要生产事业。自从高防来知州事，开始在这里设采造务，辟地几百里，筑堡据守要害，驻防士兵三百人，和吐蕃族争夺利源，在渭水以南开采森林，每年得大木十万本，运到京城开封。这样一来，引起吐蕃人民的反感，酋长尚巴约率众反抗，杀伤士卒，高防出兵弹压，俘虏四十多人。匡胤闻知，不得不对少数民族让步，撤换了高防，停罢了采造务。③

唐朝阎立本所绘《步辇图》，左侧为吐蕃使者。

西南边疆地区，唐时长期受南诏困扰，给人民带来极大痛苦。匡胤采取消极政策，竟然放弃大渡河以外的领土，换取这带国防前线的安定。

五代时期的统治者，为了征集战争用的军马，曾引诱边区坏人，出境偷盗马匹，由官府作价收买，补充入骑兵队伍。匡胤对这种做法，极力反对。他认为对邻居各族，都应当"敦信保境"，就下令说："沿边诸州，禁民无得出塞侵盗，前所盗马，尽令还之。"④ 这样边境上无谓的冲突，和各族入境侵扰的机会，自然大大减少了。

---

① 张鉴《西夏纪事本末》卷一，《宋史》卷四百八十五《西夏传》。

② 《续资治通鉴长编》卷十。

③ 同上，卷三。

④ 同上，卷二。

国防力量的巩固

在强化中央集权声中，虽然实行了强干弱枝的政策；尽管在对外关系上，采取了怯懦的妥协态度，但是匡胤对于边境的防御，丝毫没有放松的表现。尤其是择将方面，不愧为号称得人。罗从彦的《遵尧录》，对当时边防布置的总形势，有这样一段记述：

> 国初剑南交广，各僭大号，荆湖江表，止通贡奉，西夏北辽，皆未宾伏。太祖垂意诸将，命李汉超屯关南，马仁瑀守瀛州（今河北河间），韩令坤镇常山（今河北正定），贺惟忠守易州，何继筠镇棣州（今山东惠民）以拒北敌。
>
> 又以郭进控西山，武守琪戍晋州，李谦溥守隰州（今山西隰县），李继勋镇昭义（今山西长治），以御太原。
>
> 赵赞屯延州（今陕西延安），姚内斌守庆州（今甘肃庆阳），董遵诲屯环州（今甘肃环县），王彦昇守原州（今甘肃镇原），冯继业镇灵武，以备西戎。
>
> 其家族在京师者，抚之甚厚。郡中筦榷之利，悉与之；恣其图回贸易，免所过征税。许令召募骁勇，以为爪牙。凡军中许便宜从事。每来朝，必召对命坐，赐以饮食，锡赉殊异以遣之。由是边臣皆富于财，得以养募死力，使为间谍，洞知蕃夷情状。每外敌入寇必豫为之备，设伏掩击，多致克捷。二十年间，无西北之忧，以至命将出师，吊民伐罪，平西蜀，复湖湘，下岭表，克江南，兵力雄盛，武功盖世。良由得猛士以守边，推赤心以御下

之所致也。[①]

撇开那些恭维的话不谈，匡胤部署边将的特点，约有下列几个方面：一、任职久；二、官位低；三、享有经济特权。钱若水追述当时沿边守将：

> 但授缘边巡检之名，不加行营部署之号。率皆十余年不易其任，立边功者厚加赏赉，其位皆不至观察使。盖位不高则朝廷易制，任不易则边事尽知，然后授以圣谋，来则掩杀，去则勿追。[②]

他们所领的兵不多，大概不超过五六千人。[③] 凡是“郡中筦榷之利”，允许他们随便动用，并且可以免税经商。匡胤对近臣谈到这个政策，曾经说道：

> 安边御众，须是得人。若分边寄者能禀朕意，则必优恤其家属，厚其爵禄，多与公钱及属州课利，使之回图，特免税算，听其召募骁勇，以为爪牙。苟财用丰盈，必能集事，朕虽减后宫之数，极于俭约，以备边费，亦无所惜也。[④]

这些措施，在全国基本统一的情况下，发挥了它的作用。它使当时的国防力量有了显著增强，给侵略者以当头一棒，使他们不敢轻于冒犯。契丹统治者因为没有机会可乘，只得派遣使者前来，要求和宋朝通好。开宝七年（公元 974 年），契丹涿州刺史耶律琮，致书给宋朝知雄州孙全兴，信里说：“两朝初无纤隙，若交驰一介之使，显布二君之心，用息疲民，长为邻国。”全兴遣人将信送给匡胤，匡胤看了，正符合他的想望，便立即表示同意。

第二年，契丹遣使者克妙骨慎思等十二人，带同国书来到开封。未曾

① 《罗豫章先生文集》卷一。
② 《宋史》卷二百六十六本传。
③ 《东都事略》卷二十九《何继筠列传》论。
④ 《续资治通鉴长编》卷三。

入国境，匡胤派阁门副使郝崇信前往欢迎；到了京城，又亲自接见，赐给衣带器币，在长春殿欢宴。临别归国，匡胤又一次接见，因对宰相说：

> 自五代以来，北敌强盛，盖由中原衰弱，遂至晋帝蒙尘，亦否之极也。今景慕而至，乃时运使然，非凉德能致。

他把两国建立邦交，说成是历史发展的产物，这倒是符合历史事实的。赵宋统一集权国家的重建，给皇朝带来经济、政治和军事力量的增强，这使边防日渐巩固，提高了国家威望。这次克妙骨慎思奉使前来，是五代以来两国第一次有平等的外交关系。同年北宋遣郝崇信出使契丹，这是两国交聘使节的开始。经过这番交涉，两国建立起新的关系，对于祖国边区的稳定，和西北地区劳动人民的生产，能够得到顺利进行，这也是符合国家民族利益的。①

① 以上叙述根据《续资治通鉴长编》卷十五、卷十六。契丹使者名原作克卜茂固舒苏，今从《宋会要辑稿》，第8册，第7673页，《蕃夷一》。

匡胤生活作风和他的死

提倡节俭

统治阶级的奢侈浪费，都是来自人民的脂膏血汗。本来已经够苦的农民，为了供养统治阶级过着腐化堕落的生活，必然日益赤贫化，这就加深了阶级矛盾，对巩固政权极为不利。加上五代长期混战之后，物质财富非常困竭，统治阶级穷奢极欲，有碍于社会经济的恢复。赵匡胤为了巩固政权，实行减轻赋役、发展生产政策，在支出方面，不能不力求撙节，克制自己的生活，提倡节俭朴素。

据说当时宫殿里面，垂挂的帘子都只用青色布边饰。帐子用绯绢造的，褥子用紫绸造的。皇帝穿的御衣，只有赭袍用绫罗作衣料，其余都用较次的絁绢。有一次宫廷宴会时，他弟弟光义和众大臣在座，谈话之间，光义说到匡胤的衣服用具，劝他不宜过于草率。匡胤却严肃地回答道："你忘记我家住夹马营的时候吗？"[①] 这个全国最高统治者，对过去那段穷苦经历，还是一直没有忘记，并且时常向自己敲起警钟，拿出贫贱时穿着的麻鞋布衫，指给左右观看，显示他的不忘旧日生活。[②]

有关他和永庆公主的一段故事，更是过去地主阶级历史家喜欢大事宣传的。故事是这样展开。一天公主穿着一件贴绣铺翠的短袄，入宫进见匡胤。匡胤一眼看见这件华丽的服装，就很不高兴说："你把这个给我，以后不再穿这种衣饰。"公主说："一件短袄用得了多少翠羽呢？"匡胤说："不，公主穿这服装，必定引起宫内外人仿效，京城翠羽价高，贩卖的人到处搜求，杀生便多，你生长富贵，何必做这个首恶呢？"匡胤这番话，其实何尝真的爱惜几只小鸟的生命？只不过假借理由，恐怕上层统治集团

① 《邵氏闻见录》卷七引《建隆遗事》。

② 《涑水记闻》卷一。

的奢侈风气，会产生传染作用，影响贵族官僚的生活。后来皇后和公主曾建议用黄金装饰匡胤乘坐的轿子，壮壮皇帝的威风，也被匡胤拒绝了。①

北宋初宫廷用度，的确还能遵守节约原则。当时宦官数目，一直只有五十多名。就是全数不满三百个宫人，匡胤也嫌过多，一年遇着天雨不止，趁势便对宰相说：“霖雨成灾，想因政治过失恐怕宫廷关的人太多了。”检点后宫，虽只得二百八十多人，仍命人传令，凡有愿意回家的，可以自报，这样又遣散了五十多人。即位的第一年将近乞巧节，他因为亲征泽潞在前线督师，想起佳节来临，特地为老母妻子分别送来了贺礼。给母亲杜太后的，是一份“剧钱”，内中有钱三贯；给妻子王皇后的，是一份“节料”，只一千五百文。② 作为“富有四海”的皇帝来说，这两份节礼，无论如何不能不说是微小的。又在统一战争中，从各国俘虏来的所有瑰宝珍奇物品，数目很多。光是两川币帛，据说水路兼运，花费十多年光景，才全部运归内库。匡胤并没有拿来任意挥霍，却将这些珍宝物品储藏在奉宸库里，官府每年派员查点，总是不见分毫动用。③

赵匡胤（明《历代古人像赞》）

旧日有的地方，每年“进贡”鹰鹞；还有所谓养鹰户，也成为人民的一种负担。匡胤即位后，便都宣布废止了。他本来喜欢射猎，京城近郊一带，常见他的游踪。一次正在追赶野兔，所骑的马忽而失蹄，将他掀倒在地。匡胤异常愤怒，拔出佩刀，将马刺死。事后又懊悔起来，他说：“吾为天下主，而轻事畋游，非马之过也。”从此将打猎嗜好戒除。④有些举动，虽然属矫揉做作、沽名钓誉性质，加上歌功颂德的封

① 《续资治通鉴长编》卷十三。
② 《铁围山丛谈》卷一。
③ 《曲洧旧闻》卷一。
④ 《续资治通鉴长编》卷十六。

建奴才们渲染夸大，听来必须打个很大的折扣；但是骑在人民头上的封建统治阶级能够克制自己生活欲望，对劳动人民来说，总是有许多好处的。

匡胤对别人的奢侈生活，也是非常厌恶的。后蜀亡国君主孟昶，所用溺器用七宝来作装饰，匡胤一见大怒，把他打得粉碎，骂道："你拿七宝来装饰溺器，那么拿什么来盛吃的呢？这样的行为，怎么不会亡国？"① 又有护国节度使郭从义，学会打得一手好毬。一次从徐州来京，匡胤叫他表演毬术。从义一听恰好符合心意，便想通过这场表演来讨好巴结，保住自己的权位。于是抖擞精神，跨上骡子，驰骤拂击，曲尽其妙，以为可以博得一个好评。不料刚刚表演完毕，匡胤去对他浇了一盆冷水，说道："毬技真好，但不是将相的正经事。"翰林学士王著，生活堕落腐化，沉迷酒色。一次夜宿娼家，被巡夜的查获，匡胤因正笼络后周旧臣，对他免去追究。后来值宿禁中，又半夜敲打滋德殿门，吵着求见匡胤。匡胤不得已，叫宦官带他上殿。看见烛光之下，王著披头散发，喝得醺醺大醉。惹得匡胤大怒，算起上次旧账，一并给他来个降职处分。②

由于他大力反对奢侈，一面又严惩贪污，一时在普通官场里，出现一种俭朴的风气。正如王栐说的，"祖宗立国之初，崇尚俭素，金银为服用者鲜，士大夫罕以侈靡相胜"。当时州县官员上任和去职，都没有迎送的虚文，小官到任，多半穿着草鞋，拄着手杖，徒步而行。妇女骑骡，也觉得有点过分。遇着丁忧解官，甚至有穷到流落不能回家的。③ 不过，受着政权本质所决定，使匡胤执行这种政策，不可能彻底。因此对于享受特权的大官僚大地主，他们的生活不能受到严格限制；甚至还采取和这个矛盾的政策，诱惑他们多置歌儿舞女，购买田宅。以致一些高级官僚，不但没有消除奢侈的气习，还在某种程度上有所助长。

总的说来，匡胤提倡节俭，是收到效果的。当时积蓄在内藏库里的财帛，不但"凡实边备，供军储，赈水旱，皆于此乎出"，就是"平荆湖、西蜀，表江左、东河，亲祀郊丘，所费巨万，皆出于是"。④ 一直传到赵顼（宋神宗：公元1067—1085年）统治时代，便保存有三十二库，里面满储

① 《宋史》卷三《太祖纪》。

② 《续资治通鉴长编》卷五、卷四。

③ 《燕翼诒谋录》卷二、卷一。

④ 《宋会要辑稿》，第6册，第5678、5675，《食货五十一》。

金、银、锦、绮等物。赵顼在上面题诗一首：

五季失图，猃狁孔炽，
艺祖造邦，思有惩艾；
爰设内府，基以募士，
曾孙保之，敢忘厥志。

一字一库，标揭编号。[①] 后来靖康元年（公元1126年），女真入侵，这笔财富还没有动用，积累一百五十年，结果全部被侵略者攫夺去了。[②]

---

① 《宋史》卷一百七十九《食货志》。

② 徐梦莘《三朝北盟会编》，史学研究社，1939年版，乙集，第146页。

向历代封建统治者学习

由于适应当时客观形势的要求，匡胤恢复建立统一国家，这个国家，在历经混乱、阶级矛盾进一步发展时代，亟需强有力而稳固。要达到这个目的，统治阶级就须从历史上搬教训，集历代封建统治经验的大成。匡胤等所定立的制度，和上述的集权专制的措施，都是在继承旧的基础上，再加以新的发展。这就难怪匡胤在日常生活中，对书本知识表现出那么重视了。

匡胤个性，素来是沉默寡言笑。他喜爱读书，每每手不释卷。碰到难得的好书，花费重金购买，丝毫没有吝色。即使在行军的时候，也经常携带书籍。一次跟柴荣一道出征淮南，有人在柴荣面前诬捏说："赵某下寿州，私载有几车，全都是重货。"柴荣听了，便派人前往检查，翻箱倒箧，结果找不出什么金银宝货，只找到了几千卷书籍。柴荣听说，十分惊讶，对匡胤问道："你现做将帅，当求坚甲利兵，建立功业，要书来干吗？"匡胤回答道："因为没有奇谋赞助陛下圣德，常恐不能称职，便只有用书本来广见闻、增智虑了。"① 匡胤所需要的"见闻"和"智虑"，正是历代统治阶级统治人民的一套经验，因此他特别注重的，是阅读历史。在他统治的期间，经常到史馆里抽取藏书阅读。读后选择一些事件，来和大臣讨论，吸取经验教训。狡猾的大臣卢多逊，利用这点来钻空子，为了博得匡胤信任，总是预先打探消息，知道匡胤取了什么书，然后在家通宵阅读，等到匡胤谈论起来，他就能够对答如流。②

如上所说，匡胤对武则天、李存勖等统治者的成败，也曾加以考察。

① 《续资治通鉴长编》卷七。

② 《宋史》卷二百六十四《卢多逊传》。

唐人阎立本所绘《唐太宗纳谏图》。唐太宗从谏如流，知过必改，为历代称颂。但赵匡胤认为，仅仅做到这一点还不够，还应当严格自我克制，防微杜渐。

他批评白起说：“起杀已降，不武之甚。”所以他和蜀国、江南作战，事前一再告诫诸将不得杀戮。在虚心听谏方面，他又批评李世民说：

> 古之为君，鲜能正身自致无过之地。朕常夙夜畏惧，防非窒欲，庶几以德化人之义。如唐太宗受人谏疏，直诋其失，曾不愧耻，岂若不为之，而使下无间言哉！①

世民在封建时代，本来以纳谏被历史家所歌颂；匡胤以为严格自我克制，杜绝过失的萌生，比较在过失已经发生再来一个“虚心纳谏”，更具积极意义。不过要求人们从不犯过，这种想法是不现实的，能够倾听别人意见和“知过必改”，在专制君主当中，总比无限度的个人独裁胜似一筹。而匡胤在实践方面，倒还能够本着这种精神行事。“虚心纳谏”，就成为封建历史家赞美他的词句。

有几个为封建统治阶级所夸大的故事，可以借来说明。有那么一次，匡胤想违反自己集中兵权的决定，用符彦卿掌握兵权，为赵普屡次反对，没有结果。任命的宣敕发出了，赵普只得将它截留起来，再求见匡胤。匡胤猜透他的来意，劈头问道：“不是为了符彦卿的事来吗？”赵普不敢坦率

① 《续资治通鉴长编》卷十六。

回答，转弯抹角，说了半天其他的事，才将宣敕缴还，苦苦谏道："请陛下深思利害，不要后悔！"匡胤道："为什么猜忌彦卿呢？我待他厚，他会对不起我吗？"赵普答道："陛下何以对不起周世宗？"一句话问得匡胤没话说，最后还是收回了成命。①

又有一次，赵普介绍某人去做某官，匡胤执意不用；赵普再奏，还是不用。过了一天，赵普又将这人推荐，匡胤忍耐不住，大发脾气，将奏牍扯得粉碎，扔在地下。赵普耐着性子，跪倒在地，把它收拾起来，回家补缀好，第二天再奏，匡胤终于录用了。②

又有大臣应当迁官，但因匡胤平时不喜欢这人，没有得到批准。赵普极力坚持，一定要匡胤答应。匡胤非常生气，说道："我偏不迁他的官，看你怎办？"普说："用刑惩恶，给赏酬功，这是古今通道。况且刑赏是国家的，不是陛下私人的，怎可以凭个人喜怒来办事？"匡胤愈加大怒，站起来走入宫门。赵普迫不得已，只得跟踪前去，站立在宫门外，许久不肯回去，直至匡胤答允为止。③

赵普（922－992），字则平，宋初名相，赵匡胤最重要的谋臣，曾独任宰相十年，在赵匡胤加强集权、统一天下的过程中，发挥了不可替代的作用。在太祖、太宗两朝三次拜相。因他曾封官中书令，死后追封韩王，故世称"赵中令""赵韩王"。

又有一天，匡胤在后苑挟弓弹雀，忽然有个大臣，口称急事求见。匡胤连忙外出接见，及至看到奏章，说的不过是寻常的事罢了。匡胤责问他说："有什么急事？"那人说："总比弹雀急些。"匡胤更加生气，拿起斧柄朝着他的嘴撞去，当场打下两个牙齿。那人也不做声，跪在地上，把牙齿捡起，放在怀里。匡胤说："你拿这个控告我吗？"那人说："不敢控

① 《宋史》卷二百五十《石守信传》。
② 同上，卷二百五十六《赵普传》。
③ 同上。

告，自然有史官会记载的。”匡胤到底爱面子，害怕被天下后世人耻笑，不得不赐他一些金帛，慰劳一番，这才打发他回去。①

这几个故事里面，几乎全都牵涉到赵普这个人物。他是北宋统治集团中一个重要成员，“陈桥兵变”时，他是主要的预谋者之一。在个人友谊上，匡胤和他的交情很厚。在国家大事上，可以说是“言听计从”。匡胤的父亲弘殷病倒滁州时，赵普亲自侍奉汤药，两人定下了通家之好。从这时候开始，就成为匡胤得力助手。北宋建国后，对于统一战争的策划，藩镇权力的减削，赵普一直在统治集团里，担任主要的角色。甚至有人控诉赵普的不法行为，匡胤竟无理大骂道：“鼎铛尚且有耳，你没听见赵普是朕社稷臣吗?”反将控告的人贬官。② 后来赵普作恶多端，包庇党羽，公报私仇，霸占皇家菜园，开设邸店营利，假借建筑私宅名义，从西北将大批木材私运进京售卖，劣迹昭著，这才罢去相位，把他外调做节度使。匡胤集团这个高级骨干，他的主张和行事，主要还是吸取儒家的学说。据说他做宰相，遇着朝中重大政事，需要决定政策方针的时候，回到家里，就关起门来读《论语》，甚至读一整天，这才作出决定。③

① 《罗豫章先生文集》卷一《遵尧录》。
② 《东都事略》卷二十六《赵普传》。
③ 同上。

对降王的宽大

历史上封建帝王互相篡夺，在胜负决定之后，胜利者总是对失败势力大力摧残，借以防止他们的复辟。那些已经失去权位的君主，往往使新统治者感到威胁。所以在一次斗争胜利以后，旧的统治者连同大批宗室贵族，难免要受到无情的杀戮。剥削阶级为了保持一己私利，他们在自相火并的时候，为着镇压和防止对方的反抗，同样地也表现出阴狠残暴的面目。但是在这个问题上，赵匡胤却没有像那些统治者一样，对失去了权力的君主采取斩草除根的态度；相反的，对待各国的降王，实行了宽大的政策。当然，匡胤之所以这样做，并不是因为他的度量特别宽宏；而是纯然为了巩固自己的利益罢了。

后周统治集团的首领，七岁的小儿柴宗训，被迫让位以后，不久就将他搬到房州（今湖北房县）。直至开宝六年（公元 973 年），才病死在那里。匡胤还在太庙寝殿的夹室，竖立一块誓碑，上面刻着："柴氏子孙，有罪不得加刑，纵犯谋逆，止于狱中赐尽，不得市曹刑戮，亦不得连坐支属。"① 使用笼络的手段来软化后周政治集团的反抗，比较单纯依靠军事压力，自然来得更为狡猾。至于那些割据的统治者，只要他们交出领土，并不需要残害他们性命。当他们一个个退出政治舞台，便先后集中到统治力量强固的京师，授以各种闲散官职，支一份厚厚的干薪，盖几间华美的住宅，过一辈子安逸的生活，再也不会成为政权的障碍物。当时像高继冲、周保权、孟昶、刘鋹和李煜等，先后得授高官美爵，虽然没有实权，但在生活物质等方面，是得到很大优待的。

由于封建割据者的无能，引起匡胤对他们的蔑视。曾经有人劝告他，

① 陆游《避暑漫抄》。

位于杭州（时为吴越国首府）的保俶塔，相传是吴越末代国王钱俶的舅舅为保佑他平安而建。钱俶在太宗朝降宋后，死于自己六十大寿那天。据说他与后蜀孟昶（死于太祖时）、南唐李煜（死于太宗时）的死，均和赵光义有关。若此事为实，则赵匡胤宽待降王的政策，并没有被赵光义继承。

早日杀掉这批降王，可以免留日后之患。他只笑笑说：“守住千里的国家，拥着十万军伍，也被我擒住，现在孤身远客，还怕他们反吗？”[①] 又有一次，刘铢跟随匡胤在讲武池饮宴，匡胤一时高兴，亲自斟了一杯酒，转递给刘铢。没想到铢在岭南时，残忍好杀，常用酖酒毒害臣下，一见匡胤殷勤相劝，反怀疑酒里有毒，接过酒杯不禁泪流满面说：“臣罪在不赦，陛下既然许我不死，愿做一个大梁百姓，看看太平盛世，不敢饮这杯酒。”匡胤听了哈哈大笑，对刘铢说：“朕拿一颗赤心待人，肯干这样的事吗？”从刘铢手里抢过杯子，毫不犹豫地把酒吃到自己肚子里去。[②]

事实正是那样，当中央政权力量显著增强，统治者已经能够控制全局，那些庸懦无能的亡国君主，离开了自己的根据地，愈更显出无能为力。他们的存在，并不足以构成赵宋皇朝的威胁。不特这样，而且反过来保存他们的性命，更可以影响未被统一的政权，给他们指示一条出路。当吴越王钱俶来到开封，几十个大臣上书给赵匡胤，劝他扣留钱俶，不让他返回杭州。匡胤说：“他如果不肯归降，必然不会来的。放他回去，正好交结住他的心。”[③] 匡胤不杀降王，正是为他尽了“结其心”的作用。至于争取各国地主阶级转向，削弱残余敌对势力，也收到了实际效果。当旧的统治者大势已去，而新的皇朝又愿意保护他们个人和阶级利益时，过去是

① 《宋稗类钞》卷三。

② 《宋史》卷三《太祖纪》。

③ 《石林燕语》卷四。

旧势力支柱的，就必然纷纷变成新皇朝的拥戴者了。从封建时代历史家对这事的歌颂看来，这种政策的收效是大的。这是匡胤比较其他篡夺者，有着更加狡猾的地方。

为了同样理由，某些带着欺骗性的措施，也先后被匡胤尝试着。就拿羁縻后周集团来说，除去上面所说，保存他们的旧主不加杀害以外，他曾经运用各种不同的手法。那些旧日的官僚，只要他肯效忠新主，同样地受到匡胤优待。其中虽然也有表示怀恋周室的，如果对自己政权不致有什么重大妨害，大可不必斤斤计较。相反的，他还抓住一些不关痛痒的事情来大力表扬。例如准备反抗他的韩通，被杀之后，匡胤将他礼葬，追赠中书令。擅杀韩通的王彦昇，终身不授节度使。① 提倡愚忠愚孝，无疑对巩固封建秩序讲来，是有它一种作用的。而且这样一来，可以在一定限度内，缓和新旧政治集团的矛盾。就是一些过去有嫌隙的人，匡胤也对他们采取不究既往的态度。据说赵普曾经开列过一张名单，把他们贫贱时的仇家，名字一一写上，要求匡胤候机铲除，匡胤没有答应。他说："若尘埃中总教识天子宰相，则人皆去寻也。"② 大将董遵诲，曾经得罪过匡胤，等到匡胤做皇帝，第一次见到遵诲那天，遵诲只有跪下请罪。匡胤不加责怪，叫左右将他搀起。不久以后，部下击登闻鼓控诉遵诲，共计罪状十多款，匡胤竟然表示不予追问。匡胤玩弄这些把戏，表示自己度量过人，无非是争取广泛的支持力量，来扩大统治权的基础，将一些对抗的因素转化成为政权有利的力量。所以像董遵诲之流，后来就能够出尽气力，替他屡立边功。③

---

① 《续资治通鉴长编》卷一。

② 《丁晋公谈录》。

③ 《续资治通鉴长编》卷九。

匡胤的死

一个皇帝的死，本来是微不足道的事情。不过赵匡胤的死，有“烛影斧声”的传说，是历史上一桩疑案。① 所以成为疑案，正由于它和一般的死不同。匡胤政权本是阴谋夺取来的，过了十几年，他自己的统治权，也同样被政治阴谋所攫夺。不过攫夺去的不是别人，却是出自最高统治集团的内部，正是他的亲弟弟赵光义。他死得这样突然，事实上是和这个政治阴谋有着不可分的关系。

首先，匡胤死时，只有五十岁，年纪不能算老。他到底怎样死的？在官私记载里，却多传闻异说。但有一个共同之点，就是将匡胤的死，蒙上一层宗教迷信的外衣。例如说什么建隆观神降，说道：“天上宫阙已成，玉锁开，晋王有仁心。”② 又有什么熟知天文的马韶，在匡胤去世前夕，突然往见光义亲吏程德玄，告诉他：“明日乃晋王利见之辰。”③ 这些鬼话，无非想证明匡胤的“气数已尽”，光义日后的继承是出于“天命所归”。各种宣传愈多，愈使人感到这个事件充满着阴谋气息。根据司马光的记载，光义袭位的过程，在上层统治集团里面，斗争是非常尖锐的。光义勾结了宦官王继隆④，在紧要关头，继隆抢先通递消息，才夺得赵德芳的继承地

---

① 文莹《续湘山野录》：“……是夕果晴，星斗明灿，上心方喜。俄而阴霾四起，天气陡变，雪雹骤降，移仗下阁，急传宫钥，开端门召开封王，即太宗也。延入大寝，酌酒对饮，宦官宫妾悉屏之。但遥见烛影下，太宗时或避席，有不可胜之状。饮讫，禁漏三鼓，殿雪已数寸，帝引柱斧戳雪，顾太宗曰：‘好做好做！’遂解带就寝，鼻息如雷霆。是夕太宗留宿禁内，将五鼓，周庐者寂无所闻，帝已崩矣。”

② 《续资治通鉴长编》卷十七。

③ 《宋史》卷四百六十一《马韶传》。

④ 按，王继隆，据《续资治通鉴长编》卷十七等书，当是王继恩。司马光《涑水记闻》记作“王继隆”。——编者注

位。光义在取得胜利后，匡胤妻子甚至哀求他说：“吾母子之命，皆托官家。”①当时的情形，这就可以想见。

杨柳青版画《宋太祖兄终弟及》

其次，为着使光义的继承找到“合法”的根据，历史上又有所谓“金匮之盟”。这个金匮所藏誓书，记载着匡胤母亲的遗嘱，内说匡胤死后，应当传位给光义。据说理由是看到后周亡国，因为“柴氏使幼儿主天下”。所以杜氏认为：“能立长君，社稷之福也。”② 不过匡胤丧母之年，正当壮年的三十五岁，而他的长子德昭，这时已有十一岁。照理匡胤至少还可多活二三十年。即使事实匡胤只活到五十岁，临死的一年，德昭已经二十五岁，小儿子德芳也十七岁了。依此看来，实在不发生什么长幼问题。难道太后把壮年的儿子寿命，估计得那么短促，甚至在孙儿没有长大成人之前，就竟然会死，因而不顾引起皇族间的纠纷，要求打破传子的传统习惯？在情理上，深有未合。何况，假如真有所谓“金匮之盟”，那么光义名分早已确定，何以最后临即位时，

① 《涑水记闻》卷一：“太祖初晏驾，时已四鼓，孝章宋后使内侍都知王继隆召秦王德芳，继隆以太祖传位晋王之志素定，乃不召德芳，而以亲事一人径趋开封府召晋王。……见王且召之，王大惊，犹豫不敢行，曰：‘吾当与家人议之。’入久不出，继隆趣之曰：‘事久将为他人有矣。’遂与王雪中步行至宫门，呼而入。……遂与俱进至寝殿。宋后闻继隆至，问曰：‘德芳来邪？’继隆曰：‘晋王至矣！’后见王愕然，遽呼官家曰：‘吾母子之命，皆托官家。’王泣曰：‘共保富贵，无忧也。’”

② 《续资治通鉴长编》卷二。

宋太宗赵炅（939－997），本名赵匡义，先后改名光义、炅。他在位时，基本完成了全国统一，继承和发展了赵匡胤的文治政策。然而，关于他是否合法继承了皇位，始终是个不解之谜。

还要经过一番斗争？不难想见所谓“金匮之盟”，必定是出于虚构的。

新制度的巩固和旧影响的消失，往往不会是直线进行，而是经过波浪式起伏过程的。匡胤之死，距离五代结束，不过短短的十七年。匡胤虽然削弱了藩镇，但是他的弟弟光义，早在陈桥拥立一幕，已经在赵宋集团内部担任了主要的角色。十多年里面，羽翼滋长，威望渐高，以晋王府为中心，俨然构成一股政治力量。这样，受五代余风未绝的影响，逐渐发展成“取而代之”的趋势。赵普很早就看出这个危机，他曾经劝匡胤除去光义。但是因为还有“投鼠忌器”的顾虑，匡胤没有采纳这个建议。[①] 后来光义继位，不得不借助于符命来替自己装饰，利用思想的麻痹欺骗来作巩固政权的手段。他做过大内都点检，因此制造了“点检作天子矣，更为一天子”的谣言。[②] 他做过泰宁军节度使，泰宁在山东，因此乾德五年天象记录中，就有“五星聚于奎，明大异常。奎下当曲阜之墟也”，来象征他的“受命”。[③] 等到统治权攫取到手，马上回过头来，对符谶狠狠予以打击。令诸州大索明知天文术数的人，传送阙下，敢有藏匿，处以死刑，告密的人赏钱三十万。[④] 这样雷厉风行，就是他的哥哥夺取皇位时，也不过这样。

① 参考王夫之《宋论》卷二。
② 《枫窗小牍》卷上。
③ 《铁围山丛谈》卷一。
④ 《续资治通鉴长编》卷十七。

匡胤死后只有几年，赵德昭被迫自杀，德芳年轻早死，廷美（匡胤和光义的异母弟）贬死房州。及至匡胤妻子宋氏身死，赵炅就不肯承认她的地位，不令群臣服丧。大臣王禹偁为这事抱不平，反而受到贬降。这一连串事实，都可视为胜利者为了巩固统治地位，所引起的皇族内部斗争的延续。匡胤虽然防止了军人野心家的活动，却不能制止皇族内部的篡夺。这就是匡胤的死，为什么被披上一件神秘外衣的原因。剥开这件宗教外衣，可以看到随着经济的发展，不但加深了阶级矛盾，而且统治阶级内部争夺攫取对人民剥削权的斗争，也更加激烈，揭穿统治阶级这副丑恶面目，使他们的原形毕露，其中光怪陆离，臭不可闻，也就没有什么稀奇了。

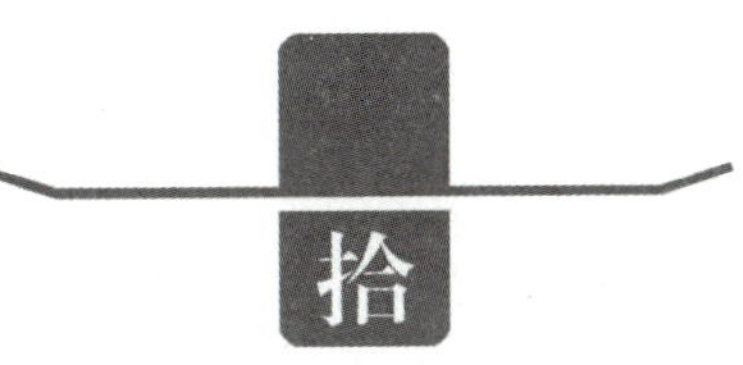

赵匡胤的评价

统一集权国家的重建

赵匡胤恢复全国统一，强化中央集权专制政策，对我国历史的发展，起了怎样的作用呢？问题可分为下列几个方面：

首先，削夺禁军将领和藩镇兵权，实行强干弱枝、内外相维，并且加强禁军的训练，整顿军队的组织纪律，使各地骄兵悍将，从过去的飞扬跋扈一变而为俯首听命，虽“单车之使，尺纸之诏”，都可令他们“朝召而夕至”。[①] 这是五代以来，历史上一个巨大转变。同时，通过削夺州郡长管事权，将地方权力收归中央；削弱宰相的职责，将中央大权收归皇帝。这样就大大加强了皇权，使强有力的封建中央政权得到建立。而且又实行了“官与职殊”“名与实分”的政策，于是整个官僚机构，如“身之使臂，臂之使指”。加上财政、司法等权都约束了，使地方割据失却物质凭借，大大减少了分裂割据复辟的可能。中央集权专制主义的发展，达到空前未有的高度。

这样就大大巩固了北宋的统一，消灭长期以来陷入分裂割据的危机，结束几十年军阀混战的局面。在我国历史上，经过匡胤这次集权的措施，中央对地方的控制更加强固。随着商品经济日渐发展，各个地区之间经济关系的增强，以后不再见有像五代十国时期，那种公开的地方割据局势出现，这不能不说是历史上的一个进步现象。

其次，北宋恢复全国政治的统一，结束列国并立互相混战的局面，给刻苦耐劳的祖国劳动人民，带来了和平统一的安定环境。由于他们辛勤努力，积极从事生产劳动的结果，使得日后的社会经济从恢复走向发

① 范祖禹《范太史集》卷二十二。

展以致繁荣起来。斯大林在庆祝莫斯科建城八百周年的贺词中，曾经这样说道："如果不从封建割据和各公国的混乱状态下解放出来，那么，世界上任何一个国家都不能指望保持自己的独立，不能指望真正的经济和文化的高涨。"① 宋代统一集权国家的重建，它在历史上所起的作用，和斯大林这个论断，是完全契合的。只有在统一和平的环境之下，才有可能出现宋代经济和文化的高涨。只有在统一政权领导下，国家才能集中大量人力和物力，从事水利工程以及其他建设。只有在全国水陆交通网恢复情况之下，手工业和商业才能够获得更大的发展。只有在中央集权国家集中力量防御之下，才有可能制止外侮的入侵，保卫边区人民的生产事业。这样赵匡胤实行统一的结果，保证了汉族封建政权维持独立，促进了宋代经济文化的进一步发展，是具有极重大意义的。

但是，"封建的君主专制制一方面扮演着反对封建割据的工具的角色，另一方面又仍然是封建主及其土地所有权和特权的保护者。"② 在阶级社会中，国家机器原是为了控制被剥削者多数，来为少数剥削者谋福利的。北宋中央集权封建统治的巩固，恰恰为这个皇朝尽了压迫劳动人民的反动作用。统治阶级凭借拥有强大的武装力量和规模巨大的官僚机构，就可以有力地镇压劳动人民的反抗，肆无忌惮地吮吸农民的膏血。和这同时，匡胤又提出"养兵可为百代之利"的口号，每当凶年饥岁，乘机大量吸收农村饥民入伍。其目的意图，就是要将政权的对抗因素，转化成为封建皇朝有力的支持力量。亦即统治阶级所谓："使天下犷悍失职之徒，皆为良民之卫。"这样宋代的募兵制，又成为统治阶级压制人民反抗的工具。这种手法，比较单纯使用军事镇压，自然更为阴险毒辣得多。实行的结果，大大削弱了农民的反抗力量。宋朝一代，始终没有爆发过全国性的农民起义，虽然有着其他的原因，但是这种高度的集权专制政策，应当是主要原因之一。

由于集中最大力量用在对内防范，必然相对地削弱了对外敌的抵抗。南宋朱熹曾这样尖锐地指出：

---

① 转引《历史唯物主义》，第226页。
② 《历史唯物主义》，第226页。

本朝鉴五代藩镇之弊，遂尽夺藩镇之权，兵也收了，财也收了，赏罚刑政一切收了，州郡遂日就困弱。靖康之祸，虏骑所过，莫不溃散。①

首先，实行“守内驭外”的政策，“尊京师、抑郡县”的结果，当然就是减削了地方的力量，形成州郡空虚、内重外轻的局面。例如诸州的厢兵，逐渐变成缺乏训练、专门服役、有名无实的兵种。甚至如“江淮诸郡，毁城隍，收兵甲，彻武备”②。防御力的薄弱，可说是达到严重地步。

其次，减削将帅的事权，使“将不知兵，兵不知将”，“兵无常帅，帅无常师”，就形成将帅无权，指挥不灵活。最突出的例子，莫如匡胤所发动一连串的统一战争。在这许多次战争中，有的是他亲上前线指挥，即便不是亲征，实际上匡胤远在京师，仍然是遥为节制。将帅地位下降，军队的组织性被削弱，影响到战斗力低落，不能有效地抵御外侮。这种弱点，在匡胤死后，太宗几次对外战争中，便已开始暴露出来。

复次，通过所谓养兵政策，统治阶级将大量破产失业农民收编入伍，来防制他们起来反抗。以后变本加厉，就成为冗兵冗费的来源，构成日后北宋皇朝的危机。且看范镇说的北宋中叶募兵的情况：

古之凡民长大壮健者，皆在南亩，农隙则教之以战。今乃大异，一遇凶岁，则州郡吏以尺度量，民之长大而试其壮健者，招之去为禁兵，其次不及尺度而稍怯弱者，籍之以为厢兵。吏招人多者有赏，而民方穷时争投之。故一经凶荒，则所留在南亩者，惟老弱也。③

募兵养兵制本身的弱点，加上训练的逐渐废弛，以致养兵虽多，但战斗力却日渐衰弱。这从后来的民族战争中，就可以得到显著的例证。

同样在官僚机构方面，匡胤利用分化事权的手段，来削弱官僚的势力。一方面又发展了科举制度，来扩大他的统治权基础。这使后来的官僚

---

① 《朱子语类》卷一百二十八。

② 《宋史》卷二百九十三《王禹偁传》。

③ 《文献通考》卷一百五十二。

机构愈庞杂，冗官愈多，而行政效率却日渐低降。到了北宋中叶，冗官大量增加，封建国家内部矛盾日渐增长，最后弄到危机四伏，贫弱不堪。这样一来，军队和官僚机构，本来是握在封建统治者手里的两桩法宝，但到后来反又成为专制主义的削弱物了。

内政和经济的改革

匡胤和当时的最高统治集团，实行选用人才、惩治贪污、减轻刑罚、奖励生产等一系列措施。这方面的措施，正是针对五代皇权低落、政权迅速转移的混乱局面，为着巩固其集权统一，奠定其长期统治而努力的。实行以上的改革，虽说旨在稳定政权，增加财富收入；但在客观上，是符合当时生产发展需要的。实行的结果，在一定程度上，缓和了阶级矛盾，促进了社会经济的恢复和发展。从北宋初户口和垦田数字不断地向上升，多少反映出这样一种情况。乾德四年的诏书又说：

> 今三农不害，百姓小康，夏麦既登，秋稼复稔，仓箱有流衍之望，田里无愁叹之声。①

开宝八年时，匡胤也曾说过：

> 年谷登丰，人物繁盛。②

可见在他统治的末期，北宋社会经济已经达到恢复和稳定。

也许有人会说，北宋官僚机构庞杂，行政效率迟缓，而匡胤的改革措施，只见于颁布的行政命令。说到实施的效果，那就很难估计，甚至这等措施可能都是一纸具文。这种看法，显然是不切合实际的。到了后来，北宋的官僚机构确曾存在行政效率迟缓的景象；即使在匡胤统治时代，我们

① 《宋会要辑稿》，第7册，第6496页，《刑法二》。

② 《续资治通鉴长编》卷十六。

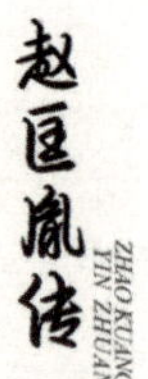

对这些措施，依然不能将效果估计太高。但是如上所说，强化中央集权的结果，北宋皇权正出现空前的高涨。各级行政机构经过整顿后，有如“身之使臂，臂之使指”。如果认为匡胤颁布的法令，贯彻的程度如此微弱，这就使人很难理解了。从北宋政权后来的稳定说，也可看出和匡胤实施的一系列改革是有密切关系的。

可是赵宋政权的本质是封建的，彻头彻尾是代表地主阶级利益的。为了防止分裂割据的重演，匡胤实行强化中央集权专制主义的措施，然而这种措施和大官僚大军阀的利益是抵触的。匡胤为了解决这个矛盾，首先要取得他们的支持，就答应给予他们种种特权，来换取掌握在他们手中的军、政等权力。或鼓励他们“多积金钱，厚自娱乐”，“出守大藩，择便好田宅市之，为子孙立永远不可动之业”。或者诱导他们说：“好官不过多得钱耳。”他能够从藩镇手中收回财政权，也是用公使钱来替代租税，并不是毫无条件的。因此宋朝各级官僚的俸禄都特别优厚，即所谓“恩逮于百官者惟恐其不足，财取于万民者不留其有余”①。一代分赃式的统治，匡胤实在是首开其端的创始者。

再看以下所举事实，可以更清楚说明这个问题。陈桥拥立一幕刚结束，赵氏集团主要成员首被赏以官爵。以后拥立有功的官僚，不时在各种名义下，获得优厚赏赐。例如赵普有病，赐银器五千两，绢五千匹。王审琦病，赏赐“巨万”。② 用同样方式来收买笼络后周旧臣的，数字也很够惊人。范质有病，赐黄金器二百两，银器千两，绢二千匹，钱二百万。魏仁浦有病，赐黄金器二百两，钱二百万。这都是极为可观的。③ 在另外一个场合里，匡胤明白道破这种政策。一天当赵普谈到后晋大官僚桑维翰贪财时，匡胤干脆回答他道：“苟用其长，亦当护其短，措大眼孔小，赐与十万贯，则塞破屋子矣。”④ 简单的几句说话，赤裸裸暴露出他所奉行政策的实质。

因此像平蜀有功的王全斌，虽然贪污了许多金银、犀玉、钱帛，引起西川兵变的大祸，匡胤还是免了他的死罪，后来恢复他的节度使官，还向

① 《廿二史劄记》卷二十五
② 《续资治通鉴长编》卷十一、卷十五。
③ 《宋史》卷二百四十九本传。
④ 吴曾《能改斋漫录》卷十。

他道歉说：“朕因江左未平，怕南征众将不遵守纪律，委屈你几年，为朕立法。现已攻克金陵，给还你的节度使。”[1] 但是，南征众将是不是都遵守纪律了呢？不，且看削平江南有功的大将曹翰，在攻下江州时，竟残酷地实行屠城，惨被杀害的人民多至几万。又掠夺民间财货价值巨万，完全违反了匡胤出师时“切勿暴略生民，务广威信”，以及“城陷之日，慎无杀戮”的命令。但是在战事胜利之后，曹翰不特没有得到应有的惩罚，而且照样升官受赏。[2] 又如镇守关南的大将李汉超，强取了人民的钱财，还强抢他人的女儿做妾，被控告到匡胤跟前。匡胤竟然强词夺理，对原告大耍无赖说：“与其嫁个村夫，怎似在汉超家的富贵?”来掩护汉超的罪行。最后，反而赏给被告银百两，就这样牺牲人民利益而了结。从这些事例中，可以充分揭露出这个政权的丑恶本质。[3]

樞密使桑維翰公遺像

桑维翰（898－947），字国侨，后晋宰相。他善于治国，有王佐之才，为宋朝君臣所推崇。但因曾力主石敬瑭勾结契丹篡位，故而为后世所诟病。

在政治上，他提倡选用人才，压抑门阀势力，这对政治的清明、提高办事效率说来，有着很大的裨益。但是科举制度规定得严格，就会有许多人读了一辈子书，结果仍然“困顿风尘，潦倒场屋”。这又和发展科举制度、广泛吸收人才、扩大他统治基础的原意，发生矛盾。于是又不得不订定一些变通办法来作补救。这样一来，自然可以广泛吸收人才，但是发展下去，官僚数目必然会日渐膨胀，许多蠹害人民的官吏被吸收，和他当初

① 《东都事略》卷二十《王全斌传》。
② 《续资治通鉴长编》卷十七。
③ 《罗豫章先生文集》卷一《遵尧录》。

"选用人才"的愿望变成背道而驰。后来北宋官僚机构的臃肿，行政效率的瘫痪，虽不能把全部责任推到匡胤身上，但是追源其始，匡胤在这方面所执行的两面政策，实在是没法推卸责任的。

又因为北宋政权的建立，不是直接继承农民战争的果实。虽然接受历史的教训，但对当时农民迫切要求，缺乏正确的认识和深刻的体会。所以经济方面的改良措施，也缺乏全面的和较根本的办法。北宋统治者不肯正视土地兼并这一严重现实，没有趁着当时大量旷土存在，利用还未归业的众多人口，来进行土地占有关系的调整，把荒芜的土地分配给无地和少地的农民垦种。他们不但这样，反而站在大地主阶级利益上，承认他们的经济特权，支持和鼓励他们兼并土地，形成当时高级官僚争着追求多购买田宅。新兴大地主不断产生，更助长了土地兼并的发展。这样，"田制不立，甽亩转易"的情况，一开始就形成为皇朝内部的尖锐矛盾，到匡胤死后五十多年，就出现这样一个局面：

> 势官富姓，占田无限，兼并冒伪，习以成俗。①

发展到后来，社会危机日形深刻，影响不为不大。

至于他的赋役政策，比较五代来说，不能不承认是有进步的。"先期而苛敛，增额而繁征"的弊端，有了很大的改变。不过事实上农民的负担，依然十分繁重。封建统治阶级历史家虽然标榜着说，"宋克平诸国，每以恤民为先务。累朝相承，凡无名苛细之敛，常加铲革。尺缣斗粟，未闻有所增益"②，工作果然做了一些，但是他们却继承了前代许多苛捐杂税，一直沿袭未曾废止。其中最著名的，如牛革钱、蚕盐钱、鼠雀耗、头子钱、身丁钱、牙契钱，以及"名品烦细，其类不一"的"杂变之赋"。甚至如潘美在湖南，创收屋税和营田户的枯骨税，③ 那就不单只是废革问题了。役法方面，一般劳役，虽然多半改派厢兵，但并不是说人民从此免去徭役。相反的到后来，服役仍然成为人民的沉重负担。即使在宋代初期，战争频繁，人民所负担的徭役，依然是不轻的。后来在赵炅统治时

---

① 《宋史》卷一百七十三《食货志》。
② 同上，卷一百七十四《食货志》
③ 同上，卷三百二十四《李允则传》。

代，河北地区就出现了这种现象：

> 农桑废业，户口减耗。凋敝之余，极力奉边。丁壮备徭，老弱供赋。遗庐坏堵，不亡即死。①

北宋张择端《清明上河图》（局部）中的开封城，足见当时商业的兴隆。

更因为“丁口隐漏，兼并伪冒未赏考按”。或者虽有考按而实效不大的缘故，所有的服役负担，绝大部分落在农村小有产者的身上，所以当时农民的生活，依然是很痛苦的。

他对工商业的政策，实行奖励经济作物、相对减轻商税等一系列措施，在唐末、五代商品经济发展的前提下，初步提供北宋商品经济发展的条件。但是官府把许多重要商品垄断专卖，控制的规模比较过去更广泛更强大，成为统治阶级攫取财富的一个重要手段。造成这种现象的原因，一方面和匡胤实行减轻农民负担的改良政策有关，加强对商业的掠夺，目的在于弥补这种政策给带来的“损失”，即统治阶级吹嘘的“不忍以加赋厉农”。事实上也因农民负担已经够重，不能不将剥削目标移向商业。二因通过五代宋初商业发展，刺激了统治阶级的胃口，这样统治阶级攫夺商业利润的欲望也随着大大增强了。这样专卖利润和商税，到了宋代，就成了

① 《宋史》卷二百六十六《温仲舒传》。

封建国家的重要收入泉源。

北宋政府掌握着这宗巨大财富，帮助了皇权的提高和巩固，解决了一部分财政困难，相对地减轻了对农业的榨取，在一定时期内，也起了帮助缓和阶级矛盾的作用。但是强大的官手工业和垄断商业的存在，大大限制了工商业者的自由活动，使我国商品经济的发展进行迟缓。同样的，为了缓和最高统治者和有功大臣之间的矛盾，允许官僚利用职权的便利，从事商业行为，也妨碍到正当商业的活动。残酷的赋税剥削，官僚、商人和地主相结合，垄断商业利益，限制了工商业的进一步发展，在这个方面，迟滞了我国社会的前进。

对外政策的评价

赵匡胤对外采取防御的守势，是由于统治阶级内部存在着互相交错的各种矛盾。讨论宋初的对外关系，必须将历史条件估计在内。在长期分裂混乱以后，政权急切有待稳定，社会经济亟须进一步恢复和发展，军事力量还没有取胜的把握；加上经济重心所在的南方，仍然处在分裂割据状态，单靠中原地区，不但没有足够的人力物力来支持大规模对外作战，而且连财政开支也感到窘竭。在这种情况下，匡胤在对外关系上采取了守势，这是应当给予肯定的。

实行这种政策的结果，对于他的统一事业的成就，是起了促进作用的。十几年来北方边境没有大规模的战争，基本上是安稳宁谧的。这样，后方的秩序巩固，匡胤没有后顾之忧，便能够集中力量，次第消灭割据势力。同时，北方边境，在注意选择将领防守之下，出现一个比较安定的环境，两河和西北地区劳动人民能够在这种环境里，顺利进行劳动生产。这也是符合国家民族利益和生产发展需要的。尤其是匡胤对边防的措置，极为重视。在西北和北方国防前线，设置据点，部分边将授给特权，于是宋初的国防力量显著增强，不但杜绝了侵略军深入的危险，并且迫使契丹统治集团不能不和我国缔结平等的外交关系。根据历史记载，何继筠镇守北方二十年，受到契丹人的敬服；姚内斌镇守庆州十多年，边人佩服他作战勇敢，给他起个外号，叫做“姚大虫”。[①] 他们对于保卫边疆的安存，都曾经尽过最大的努力。

但是，由于中央集权制度的弱点，北宋统治集团实行“强干弱枝”的政策，集中力量来防止内部矛盾的爆发，特别是对武人的猜忌和将帅权力

---

① 《东都事略》卷二十九本传。

的减削，影响到军队的战斗力削弱，不能有效地抵御外来侵略，使宋朝在对外关系上，始终是个衰弱的朝代。虽然在匡胤统治时期，这种消极因素还未公开暴露，却已影响到当时的外交政策，显出那样软弱无力。具体的表现，要算是收复幽云地区这个问题。匡胤在这个方面的计划，起初要扬言贮蓄金帛，用贿赂来代替军事行动。及至攻取荆湖和后蜀等国，内库里面积蓄充羡，却并未见他行动起来。甚至在契丹统治者要求建立邦交时，也未见他运用外交手腕来试图解决，使节往来交涉，竟没有对幽云失地提及只字。此外，经过和契丹通好之后，匡胤还提出迁都的建议。这个建议，表面似乎是个长远的打算，实质上是一个怯懦的逃跑政策。

虽然这样，但在匡胤本人思想当中，却并没有放弃收复失地的意图。举例来说，他曾想用曹翰出兵北伐，但因赵普等不赞同作罢。他曾经不顾大臣反对，冒着契丹的干涉，三次对北汉发动进攻，不幸都失败回来。在他统治最后一年，群臣要给他上尊号，名唤“广运一统太平圣文神武明道至德仁孝皇帝”，但给他拒绝了。他说：“今汾晋未平，燕蓟未复，谓之一统可乎？”后晋开运的契丹之祸，“华人百万，皆没于契丹”。这是他年轻时亲身经历，给他的印象异常深刻，感情上对侵略者还是痛恨的。所以他夺取统治权后，在宫廷用度和私生活方面，“专务节俭，乘舆服用，一皆简素”。平素穿着衣衫，不知浣濯了多少次。其中一个重要的原因，就是要将剩余财物积蓄起来，准备将来贿赂契丹统治者，赎回幽云故土和后晋时陷没的百姓。[①] 从这一点看来，他虽然没有收复幽云，倒不能说他没有爱国爱民的思想。

---

① 《宋朝事实》卷二十。

匡胤在历史上的作用

一个历史人物的产生，有他一定的历史条件。他的出现，总是反映着当时社会的需要。普列汉诺夫在《论个人在历史上的作用》一书说：

> 早已有人说过，凡是有便于英俊人物发挥其才能的社会条件的时候和地方，总会有英俊人物出现。这就是说，每一个真正显出了本领的英俊人物，即每一个成了社会力量的英俊人物，都是社会关系的产物。①

只有在他的目的和意图，符合于已经成熟了的人民要求和时代需要的时候，历史人物的活动才有获得成功的可能。考察赵匡胤一生主要的事迹，恰恰可以说明这个论断的正确性。

匡胤在我国历史出现的时代，正是我国历史长期分裂混乱，人民饱受战争痛苦，渴望和平统一非常迫切的时代。这时中原地区和各国经济，有了一定程度的恢复和发展，各个区域之间的经济关系日渐密切。五代后期商品经济的发展，要求消除由分裂割据所形成的各种人为障碍。以中原为核心的商业网逐渐形成，又促进了以北方为中心统一全国的可能性。建立在北方的中原皇朝，经过后周统治者郭威、柴荣先后实施改革，强化了中央政府的权力，增强了经济力量，并且扩大了占领疆土，特别是削弱了后蜀、南唐两个大国，取得物产富饶的淮南地区，使国家的物质财富力量愈加强固起来。到北宋建立前夕，中原皇朝已经拥有一百十八州土地和九十六万户的人口，大大超过了其他割据政权。替匡胤重建统一中央集权国

① 1950年，莫斯科外国文书籍出版局版，第36页。

北宋张择端《金明池争标图》，表现了当时百姓在开封金明池水戏争标的场面。

家，铺平了道路。

另一方面，自从五代以来，北方经常受契丹统治者的蹂躏，中原皇朝甚至一度被颠覆。外患的严重，也要求建立集权统一国家，来增强保卫国家的力量。加以在我国历史上，随着封建经济的发展，反抗统治阶级压迫的农民起义，浪潮一次比一次巨大。几乎席卷全国的黄巢起义，狠狠地打击了唐末的地主阶级。地主阶级接受这个深刻的教训，为了保持和巩固其支配依附农民的权力，他们也要求加强国家权力机关。而且直至北宋建立时，长期战争所造成的经济困难，问题依然严重。五代时中原政府出现帑藏空虚、财政枯竭的现象，现在，为了巩固社会秩序和增加税收，社会经济亟待进一步恢复和发展。一个统一的中央集权国家的建立，是完全符合当时社会需要的。匡胤所实行的各种政策，是体现了这种要求和需要的。

因此，匡胤的活动，主要是推动历史前进的。

《宋史》的编纂者，曾给他这样的评价说：

> 建隆以来，释藩镇兵权，绳赃吏重法，以塞浊乱之源。州郡司牧，下至令录幕职，躬自引对。务农兴学，慎罚薄敛，与世休息，迄于丕平。治定功成，制礼作乐。在位十有七年之间，而三百余载之基，传之子孙，世有典则。①

从这段话里，剔除夸大渲染的成分，虽还不能全面概括匡胤在历史上的作用问题，但从主要方面讲来，还算是比较平稳的议论。不过，旧史家将这个成功，归结到个人的意志和才能，认为这是出于匡胤“神谋胜算”，因而就不能对这个人物的活动，给予正确的评价了。

匡胤所实行的各种改革措施，曾经产生若干消极的因素，这种因素，发展到后来，又变成为历史道路上的障碍。我们在评价匡胤这个人物时，不能不将这些因素估计在内。不过个人认为，如果将这种消极的作用，完全归咎于匡胤执行的政策，那是不够公平的。因为匡胤手创的各种制度，原是在长期割据混乱、政权还未稳固时代的产物，完全是针对宋初的具体情况所决定的。历史条件发生变化，历史的发展提出了新的任务，体现解决这些任务的政治和经济政策，也必须适应这种变化，而不应当是一成不变的。例如匡胤在集中财权的措施，最初本来为着堵塞这个漏洞：即五代时藩镇凭借财权坐拥重兵，来和中央政权对抗。所以就诏令各州：

> 自今每岁受民租及筦榷之课，除支度给用外，凡缗帛之类，悉辇送京师。②

等到政权获得巩固，经济政治情况有了改变，于是随着这种新的发展，对各州提出了新的要求，这就是相隔九年以后的诏令：

① 《宋史》卷三《太祖纪》赞。

② 《续资治通鉴长编》卷五。

非圣节进奉自余诸般进奉钱物，并留本州管系，不得押领上京。

马端临的解释说：

既欲矫宿弊，则不容不下乾德（公元964年）之诏，然纪纲既已振立，官吏知有朝廷，则不妨藏之州郡，以备不虞。固毋烦悉输京师，而后为天子之财也。[①]

弊在匡胤以后的统治者，不体会匡胤立法的原意，一味蹈故习常，墨守绳规，甚至把宋初的政治措施，变本加厉，助长了消极因素的影响，造成百弊丛生。正如南宋陈亮所说：

五代之际，兵财之柄倒持于下，艺祖皇帝束之于上，以定祸乱。后世不原其意，束之不已，故郡县空虚，而本末俱弱。[②]

眼光远大的士大夫，早就提倡要变。不但范仲淹、王安石主张变，就在真宗统治时期，大臣王禹偁也提出过变。他说：

盖太祖削诸侯跋扈之势，太宗杜僭伪觊望之心，不得不尔。其如设法救世，久则弊生。救弊之道，在乎从宜。疾若转规，固不可胶柱而鼓瑟也。[③]

但是他的主张，没有被统治者采纳。

同样理由，因为宋初历史条件关系，宋朝中央集权专制制度的弱点，在匡胤统治时期，还没有明显暴露。而且当时各种制度的订定，大体上有一整套的办法，彼此相互配合和制约着。例如集中军权方面，他虽然在统治基地附近配置了重大兵力，但是他却极端重视边防，在边防重要据点

① 《文献通考》卷二十三。
② 《龙川集》卷一。
③ 《宋史》卷二百九十三本传。

上，分布了精兵和猛将。他虽然开创了不信任武人的局面，但是镇守在国防前线的将领，多半获得连续久任，而且享有经济特权。募兵养兵政策的运用，似乎已经促使他耗费大宗财力来从事给养了。但事实上却并不然，当时全国兵额，至多时不过只有三十七万。王禹偁说，匡胤“所蓄之兵锐而不众，所用之将专而不移”①，指的就是这个方面。同样的，在集中政权方面，虽然因此增设了许多官僚机构，但在另一方面，匡胤却实行裁减冗员、限制恩荫的办法。他曾经说过：

> 吏员猥多，难以求治，俸禄鲜薄，未可责廉；与其冗员而重费，不若省官而益俸。②

因此当时设官分职，都有定数，而且所设的官为数很少。③ 又如科举制度，匡胤时已经有了发展，但拿号称“得人最盛”的进士科来说，在他统治时期，最多一榜，才不过录取了三十一名。而且他的用人，一再强调真才实学。只有在科举、恩荫冗滥以后，才蓄养了大批昏聩无能的政治庸才罢了。

事实告诉我们，“养兵日多，所费日广”，那是因为太宗“端拱、雍熙以后，契丹横不可制”，而自真宗“咸平以后，承平既久，武备渐宽”，同时在仁宗“明道、宝元之间，天下旱蝗”，大量吸收饥民当兵的缘故。④ 官僚冗员之多，也是匡胤以后，才因“荐辟之广，恩荫之滥，杂流之猥，祠禄之多，日增月益，遂至不可纪极”⑤。科举之滥，是从太宗太平兴国二年一榜开始。统治者以“郡县缺官”“博求俊彦”为名，不顾大臣提出“取人太多，用人太骤”的反对意见，将录取人数一再增高。就拿这年录取的进士说，一下子增到一百零九人。这是因为赵炅阴谋夺取政权后，大量吸收人才，作为笼络士大夫的手段，来巩固自己的统治基础。等到真宗咸平

① 《宋史》卷二百九十三本传。

② 《宋史纪事本末》卷七。

③ 《宋史》卷二百九十三《王禹偁传》。

④ 次第见《文献通考》卷一百五十四、《宋史》卷一百八十七《兵志》、《文献通考》卷一百五十二。

⑤ 《廿二史劄记》卷二十五。

王禹偁（954－1001），字元之，北宋诗人、散文家，官至知制诰。他曾参与撰修《太祖实录》，因直书史事，引起帝相不满，又遭谗谤，终被贬出京。在宋朝第三任皇帝真宗时，王禹偁就提出“谨边防”和“减冗兵，并冗吏”的改革建议，但并没有被真宗接受。

三年一榜，录取进士增至四百零九人，诸科就达一千一百多人了。[①] 恩荫制度，也是真宗时“以太平之乐，与臣下共庆”，这才“恩义浙广”的。所谓“祠禄”之官，也是在真宗时才开始。[②] 所有这些景象的出现，都远在匡胤死去以后。因为他的继承者，没有体会匡胤创制精神，不适当地加以发展，将他的一套办法割裂，促使政权的危机日益深刻，这就很难一概归他负责。

至于赵匡胤个人，是具有高度的军事和政治才能的。普列汉诺夫说：“个人的性格只有在社会关系所容许的那个时候、地方和程度内，才能成为社会发展的‘因素’。”[③] 这种才能，只有在他了解当时的历史背景，把握已经成熟而急待解决的历史任务这个条件下，才能得到充分发挥。如上所说，匡胤的目的和意图，是体现了当时人民要求和社会需要的。因此他个人的特性和才能，在当时那种社会条件下，也能产生了作用。他发动的各次战争，毫无例外地一一经过亲自详细规划。他善于利用敌人内部的矛盾，事先清楚了解敌我强弱，运用政治手腕来配合军事进攻。在某些问题上，能够适当地采取符合人民要求的措置。每逢遣将出兵，都由他面授机宜，有时还在距离战场千里之外的京师指挥前线军事。战争的结果，常常证明他的战略计划是正确的。

政治方面，他又能总结历代统治者的经验，加以发展和修正。他建立了空前未有的中央集权专制制度，结束了五代十国纷乱的局面，为赵宋三百年统治打下基础。他能够比较虚心听取大臣的意见，对于失掉反抗力量

---

① 《文献通考》卷三十二。

② 《廿二史劄记》卷二十五。

③ 普列汉诺夫《论个人在历史上的作用》，第 29 页。

的敌对势力，能够善于笼络和优容，促进集权统一的顺利发展。他用各种方法来争取人才，使他们为自己报效死力。有关他和董遵诲的故事，这是一个很好的例证。他又使用许多狡猾的手段，把自己伪装起来，博取别人对他的好感。例如有一天罢朝之后，坐在便殿里，故意装成闷闷不乐的样子，等到左右的人问起缘故，他就说："你说做天子容易吗？早间乘快错决了一件事，真令人不愉快。"新皇宫落成，匡胤坐在正殿上，故意令人把所有的门打开，便对左右说："这宫门和我的心一般，稍有邪曲，人人都可看见。"① 这种装腔作势、自我吹嘘的例子，是很多的。

总之，匡胤在我国历史的出现，正当黑暗混乱之后，社会经济初步有了转机，社会各个阶层都渴望实现和平与统一。中原皇朝，经过柴荣的统治，奠定了全国统一的基础。匡胤把握着这个历史条件，顺应着这种趋势行事。他建立代表地主阶级利益的政权，进行了统一全国的正义战争。这个战争得到人民的支持，基本统一南方各国。和这同时，他强化了中央集权专制统治，革除五代遗留下的一些弊政，实施一系列经济的改良措施。这样他建立了宋代开国的根基，结束长期以来分裂割据、政权迅速转移的混乱局面，抵御了契丹的入侵，给全国绝大部分地区以一个和平安定的环境。在这种环境之下，优秀的祖国人民，辛勤地进行劳动生产，促使宋朝的经济文化获得高度发展。宋朝封建国家，达到繁荣和昌盛。

清朝女画家陈书所绘《宋太祖洞开城门》

但是，匡胤只不过是骑在人民头上的封建皇帝。我们肯定他在历史上的作用，却不能忽略这个人物在历史上的局限性。

① 《宋史》卷三《太祖纪》。

同时我们更应当歌颂的，是创造物质财富的广大劳动人民。匡胤所建立的政权，代表着地主阶级的利益，特别是大地主仍然占着支配地位。中央集权专制主义的空前发展，帮助他们更有效地镇压劳动人民，便利于他们对人民肆无忌惮地加紧剥削。匡胤定下的各种制度，被他的后代进一步发展下去，当初产生出来的消极作用，仅仅潜伏成为内在的危险因素，到后来逐渐暴露，发展成为赵宋地主政权的严重危机，成为中央集权专制主义的削弱物。他的经济改良政策，也是非常不彻底和缺乏全面根本办法的，这使他对促进社会经济发展的作用，受到很大限制。

不过总的说来，匡胤的一生活动，主要的、基本的方面，仍然是起着推动历史前进作用的。他不愧为我国封建统治者里面，一个杰出的军事家和政治家。

图书在版编目（CIP）数据

赵匡胤传 / 张家驹著. —北京：中国书籍出版社，
2014. 12
ISBN 978-7-5068-4589-2

Ⅰ. ①赵… Ⅱ. ①张… Ⅲ. ①赵匡胤（927 ~ 976）
—传记 Ⅳ. ①K827=441

中国版本图书馆CIP数据核字（2014）第281095号

赵匡胤传

张家驹 著

策划编辑 刘 路
责任编辑 刘 路
责任印制 孙马飞 马 芝
封面设计 中尚图
出版发行 中国书籍出版社
地　　址 北京市丰台区三路居路 97 号（邮编：100073）
电　　话 （010）52257143（总编室）（010）52257153（发行部）
电子邮箱 chinabp@vip.sina.com
经　　销 全国新华书店
印　　刷 三河市顺兴印务有限公司
开　　本 710 毫米 × 1000 毫米 1/16
字　　数 255千字
印　　张 15.25
版　　次 2015 年 1 月第 1 版 2017 年 2 月第 2 次印刷
书　　号 ISBN 978-7-5068-4589-2
定　　价 35.00 元
